JOSEPH BARUZI

La Volonté
de Métamorphose

PARIS

BERNARD GRASSET

ÉDITEUR

61, RUE DES SAINTS-PÈRES, 61

MCMXI

La Volonté
de Métamorphose

DU MÊME AUTEUR

Lo Rêve d'un Siècle (*Victor Hugo, Richard Wagner*). Calmann-Lévy . . . . . **1** vol.

JOSEPH BARUZI

La Volonté

de

Métamorphose

PARIS

BERNARD GRASSET

Éditeur

61, Rue des Saints-Pères, 61

1911

Il a été tiré de cet ouvrage

5 exemplaires sur Japon numérotés de 1 à 5,

et 20 exemplaires sur Hollande numérotés de 6 à 25.

A AMÉDÉE DE MONTRICHARD

A CHARLES DU BOS

LA

VOLONTÉ DE MÉTAMORPHOSE

CHAPITRE PREMIER

La Décadence des Songes

Pour humilier les hommes, ils offrent de les distraire du jour et de traîner vers leur mémoire le cortège nocturne de leurs rêves. Plus fréquemment, en effet, que les rides dont le visage se creuse, ces rêves disent-ils combien nous fûmes trompés.

L'enfant, dans ses songes, voyait s'entr'ouvrir des palais et luire des armoires ; il

LA
VOLONTÉ DE MÉTAMORPHOSE

CHAPITRE PREMIER

La Décadence des Songes

Pour humilier les hommes, il suffirait de les distraire du jour et de traîner vers leur mémoire le cortège nocturne de leurs rêves. Plus tragiquement, en effet, que les rides dont le visage se creusa, ces rêves dénoncent combien nous fûmes ravagés.

L'enfant, dans ses songes, voyait s'entr'ouvrir des palais et luire des armures ; il entendait le feuillage des forêts magiques trembler de chants mystérieux ; et il savait qu'au détour de la route il serait le héros de prodigieux exploits. Mieux que ses jeux et mieux que les paroles qu'il prononçait durant la veille, les aventures que son sommeil traversait attestaient la multiplicité de ses puissances et la richesse de son désir.

Pareillement, ce furent les fantômes de ses nuits crispées qui avertirent l'adolescen¹ de sa langueur et de sa fièvre. Des ombres, lentes ou brusques, passaient, à l'horizon plus trouble, parmi les fleurs des eaux et l'incertaine rumeur des saules.

Depuis lors, en la plupart d'entre nous, les ronces ont clos les sentiers d'où, sitôt que nous dormions, les formes inattendues surgissaient. Les rêves se sont peu à peu

dénués de fantaisie, ont amorti leur éclat,
éteint leurs couleurs, alourdi leurs gestes.
Les événements qui continuent de s'y éten-
dre ne témoignent plus de nulle inquié-
tude créatrice ni ne se dressent plus vers
la surprise de joies ou de tortures inconnues. Ils ne sont désormais que la revanche des convoitises entravées et la grimace
des souvenirs. Chacun d'eux porte le stig-
mate du métier ou du vice auxquels s'est
asservie la native rébellion d'un être. Selon
des rythmes invariables l'habitude et l'en-
nui y ressassent leur démence, à travers
des ténèbres où ne court plus nul orage
et où pendent les lambeaux d'un poème
dévasté.

Nous sommes indifférents à cet avilisse-

ment de nos songes. Que nous importe
que soient engourdies des forces d'illusion
qui ne savaient pas même nous rendre
esclaves? Dès que le réveil survenait, nous
oubliions leur empire. Les images qu'elles
avaient un instant agitées s'écrasaient ; et
cette poussière même s'évanouissait aussitôt.

Ainsi nous nous rassurons. Et nous ne
discernons point que les régions d'où jail-
lissent nos rêves sont peut-être également
celles par qui nous nous créâmes l'univers.

Si, en effet, nous devînmes capables de
concevoir cet univers, c'est qu'il commença par être notre jeu et le complice
de notre impatience.

Vraisemblablement, en la plupart des

espèces animales, la vie mentale demeure quelque chose de morcelé et de spasmodique. Des représentations s'offrent, discontinues, captent l'attention entière, et se supplantent d'un seul coup. Leur rôle se réduit à avertir de l'occasion et du péril. Elles désignent la victime ou l'ennemi. Quand elles se prolongent en souvenirs, ceux-ci ne s'entrelacent point dans l'esprit comme les guirlandes mouvantes de ses fêtes et de ses deuils. Ils ne sont que le passé blotti et aux aguets. Chacun d'eux, immobile, attend d'être évoqué par une sensation parente, qui l'engouffrera tout entier. Perdu dès lors en elle, il l'assouplit pour l'agression ou la défense. Il aiguise le geste, où elle s'achèvera bientôt.

Chez l'homme, au contraire, durant

toute la période où la personnalité se constitue et s'accroît, chaque perception laisse
un double sillage. D'une part en effet se
commémore l'instant dont elle dessina la
forme. Il s'isole de tous les autres, se cris-
tallise, et persiste jalousement distinct.
Mais voici que d'autre part l'image recueillie se dilate. Elle ne se satisfait point
à témoigner d'un événement mort. Et elle
se détache du prétexte qui la fit surgir,
s'émancipe du temps, se diffuse en lignes
capricieuses, se dilue, et augmente au fond
de notre être une vie indéterminée et
fluide, faite de silhouettes instables, de
murmures étouffés, de couleurs errantes.

N'est-ce point, — se déployant en chacun
de nous avec plus ou moins de vulgarité
ou de relief selon le degré de notre déve-

loppement, — un irréel paysage, incessamment changeant, et dont nous sommes
seuls spectateurs? D'ordinaire les exigences de la lutte quotidienne le refoulent
de plus en plus loin de notre attention et
presque hors de la conscience. Mais il
n'en est pas de même pour l'enfant et pour
ceux d'entre nous qui gardent en face de
la nature la spontanéité et l'étonnement.
Notre curiosité n'est autre chose, en effet,
que le geste impatient de ces fantômes
ensevelis, soucieux d'amplifier les richesses dont ils s'amusent et d'élargir sans trêve
le décor invisible où leur luxe se complaît.

Si nous ne portions en nous cette sura-
bondance, nous resterions les captifs de
l'heure. Hallucinés par nos actes successifs, nous serions comme absents de notre

individualité et du monde. Notre passé ne
nous apparaîtrait que comme une poussière de hasards tyranniques. Et le monde
s'effriterait en une série de haletants vertiges.

Pour devenir notre représentation il dut
être d'abord, en quelque mesure, notre
volonté. Si nous sommes avertis de notre
persistance et sentons la présence de l'u-
nivers, c'est qu'en nous le passé non seulement se garde mais se donne, et qu'au-
dessous de la mémoire fragmentée et précise déferle une confuse magnificence, une
mêlée de souvenirs sans date, une mémoire immémoriale.

Tel est peut-être dès lors le plus efficace privilège de l'homme : Dans les sen-

sations qui s'amoncellent en son esprit et y demeurent vigilantes, il y a comme une part aérienne.

De chacune de ces sensations semblent en effet émaner des effluves, une buée où courent des frissons et où des formes, des rumeurs et des nuances se mêlent. Ainsi une sorte d'atmosphère, plus ou moins alerte ou pesante, se répand à travers notre pensée. Mais comment hors de tout symbole définir cette vie vaporeuse, sinon en reconnaissant que toute sensation recueillie s'encercle aussitôt en nous d'une zone de rêves ? Spontanément elle tend à s'irradier en ces rêves. Elle les exhale, d'autant plus luxuriants et inépuisables qu'elle survint plus véhémente et plus fastueuse.

Qui d'entre nous, s'il se replie vers son passé, n'y retrouve çà et là, parmi les vestiges mutilés, quelque empreinte intacte, quelque événement dressant son impérieuse stature au-dessus de la monotonie des jours ? Images indélébiles, dont reparaissent les détails les plus menus. Mais en même temps qu'elles précisent leur relief et accusent leurs angles, elles font s'émouvoir autour d'elles, et tournoyer, et voler vers nous, une dansante fantaisie et tout un essaim capricieux. Elles propagent jusqu'en nos heures découronnées le fracas de nos rires anciens et le battement d'ailes des désirs que nous méconnûmes. Nous n'avons su réaliser qu'une infime partie des possibles enclos en nous. Et elles nous portent le soupir de tous les

nous-mêmes que nous avons sacrifiés. A
lever de la sorte, au fond de notre être,
la cendre, un instant attiédie, du Moi innombrable dont nous fûmes les meurtriers,
ne nous annoncent-elles point la persistance de leur puissance d'effusion, qui
'adis mêlait un vertige à nos journées bon-
dissantes et incendiait de songes nos som-
meils ?

D'ailleurs, par un curieux paradoxe, les
sensations qui dès l'origine se sont affir-
mées le plus jalousement singulières et
exclusives nous ont, mieux que toutes les
autres, incités à nous représenter l'univers.
Et cependant elles continuent, dans notre
mémoire, de se dresser orgueilleuses et
comme distantes. Elles n'y tolèrent nul

contact, s'y refusent à toute confrontation et à tout aveu de ressemblance.

Cette contradiction se justifie, si l'on démêle dans ces sensations deux éléments : l'effigie qu'elles gravent en nous, et la surprise dont elles nous ébranlent. On distingue alors, en effet, que les plus nettement déterminées sont en même temps les mieux cernées d'une abondante vie fluide. Sans que leur masse décroisse, elles essaiment à travers notre pensée et notre chair un frisson incessant et une agile ferveur. Elles se révèlent donc tour à tour comme les plus particulières ou comme les plus générales, suivant que l'on considère le témoignage qu'elles apportent ou la force irradiante dont elles sont douées.

Elles sont haletantes de rêves, qui va-

cillent autour d'elles ; et voilà ce qui les
arrache à leur solitude. Car de même que
les flots emportent, confondus, les reflets
les plus étrangers, ces rêves superposent
ou combinent les formes émanées des souvenirs les plus disparates. Par là, nous
éprouvons qu'entre d'hostiles fragments
de notre conscience il y a une amitié secrète, et que nos événements morcelés
constituent une histoire unique. Nos sensations, indéfiniment multiples et diver-
gentes, recèlent un élément commun : la
tendance à devenir pour elles-mêmes un
jeu, à projeter des fantômes, à se nimber
d'une vie dramatique. C'est dans cette vie
qu'elles se rejoignent.

Ainsi, ce qui nous dispose à découvrir
en nous et hors de nous une continuité,

c'est la vaste effusion dont s'empourpre
notre esprit. Sans notre don de construire
des rêves, nous ne discernerions point que
nous sommes des individus, et que le dé-
ploiement des êtres et des choses à travers l'espace et le temps est un univers.

En vérité, même, nous ne parviendrions
à forger nulle idée générale, si chaque
sensation ne demeurait en nous que comme
une trace, et n'y bourgeonnait point spontanément d'images illusoires.

Puisque les puissances que manifeste notre raison ne sont pas condamnées à s'étio-
ler, précaires et stériles, il faut bien en effet
qu'elles se soient ébauchées et aient tressailli dès notre vie sensorielle, qui seule
relie au monde cette raison. Notre effort

pour transposer en concepts la réalité doit
donc déjà se trahir, en quelque manière,
dans les plus intimes profondeurs de nos
sensations. Mais, l'effervescence de toutes
ces sensations vers le rêve; leur frisson,
leur rire et leur plainte; leur jet fiévreux
et bruissant; qu'est-ce que tout cela, sinon
peut-être *la première phase de l'idée générale,* l'instant où cette idée fait encore
partie de la nature et refuse de s'en distraire et de s'isoler dans l'homme?

Comme tout ce qui est créé par la nature, elle ne se soucie pas, à ce moment,
d'être vraie, mais seulement d'être. Nos
exigences logiques et morales ne la concernent point. Il lui suffit d'exister, de se
gonfler de sève, et de se propager, plus
avant sans cesse, en une trouble germina-

tion. Avant de s'assagir en nos cadres ri-
gides, elle savoure sa force jeune et l'essaie curieusement.

Comment, désormais, ne pas conclure
que la déchéance des songes en la plupart
d'entre nous n'est en rien un phénomène
négligeable, mais symbolise sans doute
une plus irrémédiable ruine?

Vers nos yeux qui se closent, seules des
images humiliées se traînent. Ne serait-ce
point l'avertissement que nous sommes
envahis par quelque lente mort? Mort qui
devancerait la nôtre, et cependant s'éten-
drait plus vaste, puisqu'elle serait en nous
une mort d'univers.

Si, durant le sommeil, nos souvenirs ne

se prolongent plus que par des figures sans gloire, c'est en effet que peu à peu ils se sont desséchés et engourdis. Aucun sursaut, maintenant, ne témoigne qu'ils s'efforcent vers quelque métamorphose. Ils subsistent, mais décharnés et vides de sang.

Leur couleur originelle s'est enfuie. Et l'atmosphère, autour d'eux, s'est dissipée. Ils se sont convertis en des signes abstraits, que çà et là notre prudence consulte mais qui se réduisent à ce rôle de rendre plus précise et plus souple notre action. Exilés de notre vie spéculative, ils n'alimentent plus en nous nulle énergie spirituelle. Ils ne nous rattachent plus au monde.

Sans émotion, dès lors, nous déchiffrons

ceux mêmes d'entre eux qui reçurent l'effigie de nos heures les plus convulsées.
D'où propageraient-ils jusqu'à nous quelque secousse ? Aucune vibration ne s'attarde en eux, de l'événement qui les fit
naître. Ils ne sont plus même des reflets,
mais d'algébriques travestissements de
notre passé.

Ils veillent, épuisés et stériles. Nulle ferveur créatrice ne les agite. Ils ne recèlent
plus rien qui invente ni qui innove. Ils se
sont destitués de génie. Que sont-ils désormais que de mornes épitaphes, par-
dessus l'abîme où tout ce qui nous advint
et que nous fûmes achève de se décom-
poser ?

Les rides dont sont ravinés nos songes

dénoncent aussi que nous ne nous aug-
mentons plus que de sensations déchique-
tées. Ces sensations se bornent de plus en
plus à nous avertir. Grâce à elles nous
nous orientons. Elles nous suggèrent des
attitudes, nous écartent des malices em-
busquées ou guident vers la proie nos
ruses. Mais l'un des deux éléments qui
eussent dû se conjoindre en elles a disparu : Elles se sont émondées de leur surprise.

Autrefois, elles survenaient, rétives,
tandis que nos narines frémissaient et que
se dilataient nos yeux. Envahissant notre
esprit, elles y bondissaient comme les stro-
phes d'un hymne incendié. Elles jouaient
en nous, et nous domptaient. Et par elles
nous découvrions qu'aux plus intimes re-

plis du monde et de notre être fermente tumultueusement une fantaisie inlassable.

De toute part autour d'elles, au fond de nous-mêmes, fusait une poussière stridente, rayée d'angoisses et de désirs. Au frôlement de la nature, un paysage mythique surgissait de nous, ployait en nous ses volutes rapides. Il se cendrait de nos doutes, se lustrait de nos orgueils. Et toute notre substance avidement se transposait en lui. Montée de lueurs, de formes, de vertiges et de cris, qui se mêlaient, puis se broyaient.

Maintenant, au contraire, les sensations tombent en nous, atrophiées et assoupies. A peine éprouvées, elles s'enregistrent mécaniquement et se circonscrivent avec

une précise sagesse. Elles se blottissent,
frileuses ; et rien de nous, à leur venue, ne
se trouble. De tout le possible que nous
portons, et qui gémit sourdement de ne
se point réaliser, rien ne bondit vers elles,
ni ne se glisse, avide qu'elles soient haletantes de quelque secret précieux. Un tel
élan démentirait ce fait partout observa-
ble parmi les hommes : sitôt qu'en une zone
de leur pensée le possible émerge de l'in-
conscient et commence de s'accomplir, il
affirme, par son premier geste, sa parenté
avec les formes qui tressaillent à travers
l'espace. Il se sculpte dans ces formes et
se transsubstantie en elles.

Mais cette conversion devient imprati-
cable, et les virtualités qui grondent au-
dessous de la conscience s'éteignent une

à une, à mesure que l'on se désintéresse des formes et que les sensations se mutilent. Or nos sensations désormais gisent trop malingres pour se créer en nous une escorte affolée. Nul spasme ne trahit plus que par elles un être et la nature s'enlacent. Elles ne gardent et dès lors ne révèlent plus rien de la volonté de germination, de toute part ardente alentour. Et ainsi elles nous excluent des spectacles que nous assurons qu'elles nous livrent.

Plus elles s'amassent, et plus elles interposent entre la réalité et notre esprit le mensonge et la mort. Elles sont les fantômes excavés, où le visage de l'univers se désagrège lentement en nous.

Si du moins nous pouvions nous convain-

cre que notre raison est demeurée intacte !
Nous n'absorbons plus d'images effrénées.
Qu'importe ? Lucides et patients, dépossé-
dés de chimères, élaborons des concepts
impeccables ; et groupons-les selon une
logique stricte.

Décevant stratagème ; car nul concept
ne nous appartient réellement et n'amplifie notre richesse intime, s'il ne s'est ébau-
ché d'abord dans notre vie sensorielle et
si, avant de s'abstraire en nous, il ne s'est
épandu et préformé à travers la nature.
Or, quand les sensations recueillies par
notre cerveau ne s'y dilatent plus aussitôt,
inventives et grondantes, mais s'y congè-
lent, incapables de s'y multiplier en des
sites de rêve, comment resteraient-elles
susceptibles d'une plus vaste métamor-

phose et sauraient-elles encore se transmuer en idées ? Nos généralisations ne dé-
rivent donc plus d'elles. Et dès lors tout
concept nouveau qui se formule en nous
ne traduit aucunement notre relation avec
le monde. Nul effluve de ce monde ne l'atteint.

Quelle que soit sa valeur objective, ce
concept, désormais, n'augmente point notre
lucidité ni notre force. Plutôt il accentue
notre désharmonie intérieure. Une individualité étrangère le forgea. Puis elle l'insinua en nous, et par lui nous supplanta
au fond de nous-mêmes. De la sorte, la
vérité qu'il recèle nous rend personnelle-
ment moins vrais. Elle est en nous une in-
truse. Et lui-même, grimaçant, s'étiole,
d'être séquestré dans une âme serve et

de n'y point communiquer avec l'univers.

Le croissant avilissement des songes
dénonce ainsi, en la plupart des hommes,
une graduelle montée de la mort. Le plus
souvent ces hommes demeurent capables
d'action féconde; et leur souci de s'adapter à une vie sociale changeante assure
quelque majesté à leurs mouvements et à
leur voix. Mais en eux agonise leur puissance d'inventer l'univers. Ils n'enroulent
plus leur fantaisie et leur désir autour des
formes qui se proposent. Or l'univers
n'existe pour nous que dans la mesure où
incessamment nous l'inventons.

Il ne se livre qu'à ceux qui se hâtent vers lui, l'œil dilaté, la main lourde de fleurs cueillies. Ce qui donne à tant de visages l'aspect humilié et morne, ce n'est point l'obsession des défaites éprouvées ni la honte des souvenirs ; mais derrière les prunelles ternies un monde chavire lentement. Ces hommes que nous frôlons regardent sans frisson les heures ; et, tandis que hors de toute fièvre ils exécutent leur tâche monotone, l'univers que leur jeune fantaisie créa décline et s'engourdit au fond d'eux-mêmes, s'y mue en un cadavre qu'ils traînent avec eux.

De nombreux êtres, peu à peu, deviennent les sépulcres d'un monde. On ne perçoit point cette flétrissure, dont eux-mêmes sont inconscients. Mais l'aveuglement ces-

scrait et l'on ne douterait plus d'une telle
déchéance, si l'on délaissait le préjugé qui
fait croire seule expressive de la personnalité, et seule importante, la part que dans
une vie le travail usurpe. Le loisir, en effet, au contraire, dessine un plus secret
aveu. Et ce qui avant tout caractérise chacun, ce sont *ses pensées inutiles*. ✗

Pensées qui cinglent vers la conscience,
dès que d'un geste hâtif nous avons rejeté
l'outil et que décourbés nous errons dans
la ville indécise.

A ce moment, si nulle lèpre encore ne
ronge le paysage intérieur, que créèrent,
en se transposant, nos sensations haletantes de rêves, les forces que comprima en
nous le labeur du jour s'affranchissent et

mêlent leurs cadences. Aux voûtes de la
mémoire et du pressentiment un bourdon-
nement confus voltige. De fluides guirlandes se tressent et se dénouent. Le passé
et l'avenir se mêlent. Des nostalgies stri-
dentes glissent, appellent vers des pays
luisants ou enfiévrés ; et de sinueuses mé-
lancolies assouplissent le désir qui se cam-
bre. Dans nos yeux, des reflets de maisons,
d'arbres, de corps humains, oscillent ; et
aussitôt, à cette danse, des analogies im-
prévues s'irisent. Le rauque sanglot et la
joie, dont nous devinons qu'autour de nous
des gorges se crispent et des doigts se ser-
rent, voici qu'ils nous percent de leur
cri et amplifient notre rumeur. Et de brusques pitiés gonflent notre esprit et y dé-
faillent ; d'impossibles vœux s'y infléchis-

sent ; des idées, des images s'y dressent, puis s'effarouchent et trébuchent.

Rien de tout cela peut-être ne s'achève ; mais notre puissance psychique dépend de l'inachevé que nous portons en nous. Nos intuitions et nos formules valent par l'inaccompli qui les prépara, et dont au loin, à travers elles, poudroie le multiple sillage. Phrases qui pour nous seuls se murmurèrent dans le silence et débiles se brisèrent ; musiques vacillantes dont nous fûmes traversés et qui ne se résolurent point ; ces inassouvies font seules l'accent de notre voix et orchestrent les mots que prononcent nos lèvres. Pour que, de même, à se concentrer en un si obstiné vertige, notre passion ne s'épuise point, il faut que

se retrouvent en elle nos âcres soifs subi-
tes et nos tendresses sans objet, tant de
détresses éblouies et d'angoisses gaspillées,
tout le geste de nos poings qui tournoyè-
rent vainement.

Une telle abondance intérieure, lourde
de chaudes attentes et d'impatiences enfouies, commence de se tarir, quand ce
qu'il y a de machinal dans notre tâche ou
dans un vice familier nous asservit et nous
déforme. Nos pensées inutiles perdent alors
leur variété ; leur faste se ruine. Elles se
ressassent, oppressives. De la ville amai-
grie, des impressions alertes ne bondissent
plus vers nous, ni dans notre bouche qui
se dessèche ne renouvellent la saveur des
jours. Désormais, à travers les rues affa-

dies, tantôt quelque détail de notre labeur
délaissé nous poursuit et, en notre cerveau
qu'il harcèle, cloue sa taquinerie radoteuse ;
tantôt une convoitise que l'habitude riva
en nous ricane son obsession et nous tra-
que. Le travail imposé était seul parvenu
à la refouler, quelques heures, au fond de
nous-mêmes. Dès que nous nous sommes
crus libres, elle a repris son despotisme.

Maintenant elle seule nous ploie ; et nous
allons, d'un pas tortueux, par un chemin
qu'elle nous prescrit. Chaque fois, nos dé-
tours, nos ruses et nos courbes sont pa-
reils ; et pareil, chaque fois, le clignement
de nos témérités et de nos prudences.
Chaque fois aussi, d'invariables lambeaux
d'images et d'idées étirent, dans l'insistante
moiteur de notre esprit, leurs tiges rôdeu-

ses et trop pâles. Cependant, au-dessus
de ce décor excédé, se hérisse, rétive, l'illusion que sans doute tout à l'heure quelque jouissance ou torture jamais ressentie
perforera nos nerfs. Nous haletons vers
une surprise dont notre chair soit flagellée.
Mais toute surprise dénonce, dans l'être
dont elle s'empare, un univers qui se construit. Elle est faite du cri même et des sur-
sauts de cet univers, qui de sa création
soudain accélérée s'émerveille ou s'épouvante. Or ici, au contraire, en nous, il y a
un univers qui se lézarde et où le vol
oblique de la mort tournoie déjà. Rien ne
nous attend donc que les spasmes où toujours nous nous assouvîmes ; et nous ne
grelotterons d'aucun frisson inconnu. Nous
sommes les forçats d'un désir qui, immo-

bile, nous veut tout entiers, tout notre sang,
qu'il blêmit, et tout notre œil, qu'il vide
de larmes. Bientôt lui seul en nous demeu-
rera attentif. Lorsqu'il ne s'intriguera d'une
promesse, nous ne serons que distraction
et glissante léthargie. Tout l'énigmatique
des vies, des événements et des sites s'apla-
nira. La ville même, parcourue d'une mar-
che molle, se dénuera de sa complexité, et
pour nos sens qui se liquéfient deviendra
quelque chose d'uniforme et de trouble,
un dansant et confus malaise qui nous encercle. Nul afflux ne bourdonnera vers nos
tempes, sauf quand nous devinerons, à la
cambrure d'un corps, ou sur quelque visage qui s'approche, le pli d'un appétit
semblable au nôtre, la même luxure aux
aguets.

3

Par les gestes de travail se symbolise et se mesure, en chaque homme, la puissance d'adaptation à la société ; mais plus loin en lui, ce que révèle l'attitude du loisir, ne serait-ce point dès lors la puissance d'adaptation à l'univers ?

Toute forme individuelle semble une proie dont cet univers s'est saisi. Pour s'apparaître enfin à soi-même et donner un contre furtif à sa diffusion éternelle, il s'est efforcé de s'engouffrer là, et d'y resserrer son vertige. Effort jamais décisif, et qui toujours par quelque endroit se manque, mais dont nos pensées spontanées, que ne suscita point l'attention à une tâche prescrite, traduisent incessamment les victoires et les déclins.

Or, si en la plupart d'entre nous, après

l'ardente ascension de l'enfance, ces pensées se ralentissent et se décharnent peu
à peu, se convaincre du progrès humain,
c'est s'étourdir d'une illusion. Sans doute,
en effet, nos nations organisèrent partout,
de façon de plus en plus experte, une pro-
duction accrue sans trêve ; et de mieux en
mieux elles disposent d'un outillage précis et subtil ; mais, tandis que les gestes
de travail s'assouplissaient, n'arriva-t-il
peut-être que l'attitude des loisirs s'affais-
sât, et que plus fréquemment, et d'une
chute plus lourde, les pensées fortuites, où
passe la confidence des univers enfouis,
devinssent languissantes ou hagardes ?

Ces pensées, en chacun de nous, reçoi-
vent des songes leur couleur. On se trompe,

lorsqu'on croit ne se point rappeler un songe. Il n'y a pas de songes oubliés. Ce qui a quité la mémoire, c'est seulement le détail des aventures dont un sommeil se dentela ; mais la nuance affective est demeurée et a avivé au fond de nous-mêmes notre lâcheté ou notre orgueil. Si se perdirent les variations, où cependant nos virtuosités secrètes s'étaient complues, le thème qu'elles illustrèrent se maintient, et roule parmi notre rumeur.

Le matin, quand les bras s'étirent, on éprouve que vaguement de rebelles allégresses, ou une gluante angoisse, cernent le front qui se dilate : c'est que plutôt poudroient encore, brouillées, derrière les oreilles et les yeux, les notes et les teintes qui grondèrent et luirent dans le silence de notre nuit. Elles resteront désormais inscrites dans notre substance. Et de la sorte, lentement, en tout être, se sculptent des habitudes du rêve, qui ne le caractérisent et gouvernent pas moins que ses habitudes de la veille.

Les habitudes du rêve ne sont point reléguées hors de la lumière. Car pourquoi prétendre que le rêve ne s'éploie que pendant que nous dormons et fuit dès que nos paupières s'ouvrent ? Tandis que nous agissons et parlons, il continue au contraire en nous ses rires, ses sanglots, ses danses. Il n'est pas interrompu, mais uniquement refoulé. Les saccades de notre sang dans les artères souples et brusques ; les élans aigus de nos nerfs ; les satiétés et

les soifs où tour à tour chaque organe se
consume ; notre multiple conscience de
notre corps et de son désir contrasté ; rien
de tout cela n'a cessé de se traduire par
des jeux et des étreintes de fantômes.

Les scènes illusoires qui en nous s'em-
pourprent ou pâlissent ne sont que devenues plus lointaines et çà et là projettent
jusqu'à notre attention quelque vérité subite ou quelque chimère insistante, une
tentation, un effroi. Nos regards, alors,
tout à coup s'illuminent d'allégresses sans
cause ou se cendrent de tristesses inexpli-
quées. N'est-ce point l'avertissement que
nos pensées fortuites émanent des mêmes
puissances que nos rêves ? Elles sont ces
rêves mêmes, montant par bouffées hors
de leurs ténèbres taciturnes, et risquant

parmi la franchise du jour leur difformité
ou leur gloire.

On pourrait dès lors, sans mentir à la
réalité intime, figurer avec un fort grossisse-
ment combien d'homme à homme ces pensées divergent, et par suite combien dans
nos sociétés l'ordre demeure chose fragile,
instable, menacée, que des intérêts et des
contraintes assurent çà et là, mais qui ne
se subtilise point et ne procède pas encore
de notre vouloir le plus secret. En même
temps, on percevrait mieux comment la
plupart d'entre nous, dès qu'ils se réfugient en eux-mêmes, y trouvent de
toute part, à l'affût, le dénuement et la
folie.

Il suffirait de supposer qu'au même ins·
tant d'une nuit et dans une même ville
tous subitement se réveillent en croyant à
leur songe. Possédés par ce songe ils sor-
tent ; et, quand ils se rencontrent, ils s'in·
terrogent et se répondent.

Nulles lignes ne tremblent assez grima-
çantes ni nuls mots assez discordants pour
représenter la bouffonnerie et l'horreur
qui de toute part alors se déploient. Malingres jalousies, avarices maussades, am-
bitions estropiées, bégayent à mi-voix leur
plainte insistante ; et les pas menus qui
se hâtent, les épaules qui se voûtent et
s'étriquent trahissent des effrois sordides
et de burlesques hantises. Au milieu des
colères et des huées, le cri rauque de passions qui n'avaient osé s'assouvir éclate,

se brise, s'acharne. Et des bras effrénés se
tordent vers des étreintes interdites ; en
des baisers maudits des lèvres se déchirent.

Luxures piétinées ; plaintes houleuses ;
troubles soupirs harcelant l'espace ; fuite
des compagnons attendus ; tout cela se
mêle et gronde, tandis que des haines qui
n'osaient s'avouer à elles-mêmes se dé-
masquent, et que d'étranges fumées de
meurtre luisent au-dessous des paupières
clignées. Il n'est si rebelle fierté qui désormais ne se rompe pour un soudain aveu
de détresse. Car au fond de chaque être,
et jusqu'en celui que l'on croyait intact,
est perçue une opiniâtre blessure béante.
A force de ruses ou de tortures, il l'avait
recouverte et resserrée peut-être ; mais

par elle toujours son plus précieux sang
menaça de jaillir.

Que nos pensées fortuites et nos rêves
soient le plus souvent des fantômes cor-
rodés et hâves, titubantes créatures d'en-
nui, de lassitude ou de viol, c'est chose
tragique ; car dans ces pensées et dans
ces rêves se manifestent nos puissances
les plus sournoisement impérieuses et les
plus inaliénables.

Les changements qui en nous ne se
propagent point jusqu'à ces puissances
ne valent que comme détails fugitifs et
événements d'apparat. En vain, à travers
notre esprit, des opinions se substituent à

d'autres, des erreurs cèdent à des vérités
ou à des erreurs nouvelles, des connais-
sances se gravent ou s'effacent : Chétives
anecdotes, tant que ne se modifient point,
du même coup, nos mythes intérieurs, nos
images spontanées, nos hantises. Pour
que notre progrès ne fût pas illusoire
mais concernât notre substance même,
que ne répandîmes-nous quelque magnificence ou quelque discipline en ces domaines rétifs et vite stagnants ?

Là s'expriment celles de nos forces qui
seules continuent de bruire quand tout
le reste en nous s'est tu. Les dernières le
sommeil les submerge. Et ne semble-t-il
point pareillement que, si tout d'un coup

la mort survenait, elles lui demeureraient
le plus longtemps closes ? En elles sursau-
terait notre ultime résistance et vacillerait
notre suprême lueur.

CHAPITRE II

La Passion et la Forme

Les métaphysiques ont accoutumé l'homme à formuler selon des termes abstraits le problème des possibilités de survivance. Parce que nul n'échappe à la mort, elles n'ont retenu de la mort que l'aspect universel. Elles se sont efforcées à une étude impassible. Et elles ont cru que la vérité se laisserait d'autant mieux surprendre que les individus seraient mieux oubliés.

Les contours furent donc amollis, et toute diversité s'effaça. La méthode fut de

dominer les existences personnelles, jusqu'à ce qu'elles devinssent indistinctes,
indifférentes.

N'eût-il pas fallu, au contraire, s'enfon-
cer en ces existences, s'y perdre dans des
replis de plus en plus secrets, que peut-
être soudain un duel taciturne illumine, et
parmi des refuges de plus en plus lentement vulnérables déchiffrer des gestes
d'agonie ?

Plus que partout ailleurs, en effet, en
présence d'un tel problème, toute connaissance qui ne parvient pas à l'éclat de la
sensation se réduit à un symbolisme arbitraire. Pour qu'elle ne travestisse point
l'événement dont elle est issue, il faut
qu'elle ait semblé d'abord y adhérer mi-

nutieusement, et que maintenant encore
elle en garde le détail, en transmette le
contact et en renouvelle l'émoi.

Celui d'entre nous qui, quelque jour,
de l'œil le plus aigu ou de la plus limpide
caresse, suivrait le plus extrême frisson
d'une chair et d'une pensée prêtes à se
dissoudre comprendrait le moins impar-
faitement la signification de la mort. Quand
luiraient devant lui les régions, jusqu'a-
lors masquées peut-être, où en un être
transpercé se déploie l'acharnement des
dernières ruses, il démêlerait si ces régions
impliquent quelque transcendance et peuvent par delà la brièveté terrestre prétendre à quelque empire sur la durée.

Certaines religions aident à pressentir

que la recherche devrait se situer de la sorte et de plus en plus docilement s'adapter à des données concrètes. Par là ces religions conserveraient une valeur positive, tout ne fût-il que chimère dans le tableau qu'elles tracent des destins d'outre-tombe.

Elles reconnurent, en effet, qu'au moment où la mort s'avance rien n'importe davantage que de replier l'homme vers les domaines intérieurs où il sera capable de la résistance la plus longue. Par leurs effusions et leurs rites, elles s'empressent donc à chasser de ces domaines ce qu'ils recèlent de pesant, souvenirs blessés, dégoûts enfouis, tout l'accablement inavoué qui, lors de l'irruption de l'ennemi attendu, alentirait l'allégresse de la riposte et la certitude de vaincre. Puis, dans ces asiles

élagués elles veulent que soit jeté un surcroît de force et que les yeux qui se
révulsent perçoivent la présence d'un
Dieu.

En une trouble intuition, chacun de nous
éprouve, d'ailleurs, que certaines zones de
son être sont plus étrangement susceptibles que toutes les autres et plus mysté-
rieusement démesurées. Parfois, le choc
le plus ténu, et qui ne les heurta que de
façon furtive, se multiplie aussitôt en
elles. De toute part il s'y répercute, et
s'irradie jusque hors d'elles en ravages ou
en prodiges. Elles semblent reliées à un
avenir indéterminé et très vaste. On dirait
qu'au-dessous de leur surface dormante
des réserves amoncelées se pressent et

4

d'inépuisables créations futures meuvent leurs germes.

Manier dès maintenant ces richesses ; les jeter, tremblantes, sous la lumière et en hâte les dissiper ; nulle volupté, sans doute, ne serait plus aiguë. Mais elles sont comme ensorcelées et des prohibitions inexplicables les cernent. Dès lors la plupart d'entre nous tout à la fois sont attirés et s'intimident. En eux, de glissants vertiges aux yeux dilatés se penchent ; mais des scrupules, au même instant, closent des paupières qui se détournent.

Dans les profondeurs de tout esprit individuel, — là où cet esprit est le plus proche du corps, et où cependant ses déploiements les plus originaux se préparent, — de telles zones s'étendent. Si on ne les

discerne point, — et jusqu'à surprendre
que dès maintenant elles sont en un rapport privilégié et incessant avec le drame
ultime qui se jouera en nous, — on commente de façon toute superficielle le rôle
des renoncements et des sensualités ; les
multiples formes de l'ivresse ; les chaste-
tés, les hantises, les hontes. Notamment
on ne déchiffre en rien pourquoi les actes
relatifs à la vie sexuelle exercent sur notre développement intérieur et sur notre
conception même du monde une influence
si disproportionnée.

Nulle part, en effet, plus constamment
et de façon plus déconcertante les résul-
tats ne débordent les causes. Que l'on se
soit complu en telle volupté passagère ou

que l'on s'en soit détourné, y a-t-il détail
plus médiocre ? Un mutuel désir rappro-
cha deux êtres ; en des instants vite emportés ils s'unirent ; pareil incident semble infime ; et ces êtres se devaient-ils
effrayer d'une jouissance qui ne nuisait à
aucun d'eux ? On peut admettre que l'intérêt social suggère de réprouver certaines formes de cette jouissance, et que
l'individu estime sage de discipliner son
instinct ; mais des règles plus rigoureuses
ou des indignations trop pressantes apparaîtraient irrationnelles, indiscrètes et in-
fatuées.

Inversement, lorsque d'autres hommes
s'interdisent toute concupiscence, refrè-
nent obstinément et fustigent leur chair
mortifiée, en quoi cette lutte où s'émacient

leurs membres et dont ils incisent leurs
désirs diffère-t-elle de toute violence contre quelque appétit natif? A de très res-
treintes aventures les préjugés et les scrupules n'ajoutèrent-ils, ici encore, une
importance toute factice ?

Conclure ainsi, et de part et d'autre
méconnaître qu'un problème décisif se
pose, c'est s'interdire de pénétrer toute
vie accentuée et extrême. On n'entrevoit
point que pour aider à comprendre la nature et le destin de l'homme, l'analyse
primordiale serait celle de l'ascétisme et
de l'orgie.

Parmi nous, en effet, les plus émouvants
et les plus chargés d'expériences précieu-

ses sont ceux qui, durant quelque période
plus ou moins vaste, crurent n'avoir plus
à hésiter qu'entre ces deux termes ultimes.
En tout l'espace intermédiaire rien ne sub-
sistait que fadeur et duperie. Il fallait,
d'un geste qui brise, se porter vers l'une
des limites.

Ils parièrent pour l'un ou pour l'autre
des seuls états où ils se pouvaient satisfaire.
Parfois aussi ils alternèrent de l'un à l'autre, comme s'ils se cherchaient eux-mêmes
en ces vertiges contrastés. Des nostalgies
contraires les inquiétaient tour à tour,
puis les ramenaient, haletants, vers la rive
qu'ils avaient niée.

Incessant désaveu, où tressaille le pressentiment que la théorie qui nous com-

menterait de la façon la moins décevante serait celle qui saurait expliquer ensemble les deux paroxysmes inverses. Elle contraindrait de découvrir qu'ils recèlent une signification métaphysique.

A travers des modalités innombrables et de valeur très distante, l'ascétisme et l'orgie se révéleraient en effet comme les artifices par lesquels les individus les plus inégaux se fascinent de sonder d'obscures régions d'eux-mêmes, où les causalités coutumières semblent ne garder aucun rôle.

On dirait que dans ces régions tout se conforme au rythme d'un autre déterminisme et se meut sur un nouveau plan du réel, parmi des dimensions inconnues et d'étranges échos. Des images empourprées ou hâves se balancent en groupes confus ;

des audaces et des épouvantes se mêlent.
Puissances imprécises et tassées, tendues
en on ne sait quel effort pour créer ou
pour détruire. Car création et destruction
se prolongent, se plient l'une en l'autre, et
sont devenues indiscernables.

L'émoi où maintenant un être s'attarde,
ce n'est donc que d'approcher de soi et
manipuler sa propre durée. Les figures de
la vie et de la mort frôlent cet être, plus
voisines et lancinantes. Il s'en distrait ;
mais, s'il les fixe, il surprend soudain que
leurs contours ne coïncident plus exacte-
ment avec ceux de sa vie et de sa mort
terrestres. Les proportions sont changées ;
et les mots n'ont plus le même sens. La
vie aux troubles lignes enchevêtrées qui
étend ici son royaume paraît s'arrêter en

deçà de celle que l'organisme manifeste, ou s'allonger loin au delà.

Le contact d'une secrète énergie plasti- que, reliée, dans les profondeurs de cha- cun de nous, non à notre seule existence actuelle mais à une aventure plus indé- terminée et peut-être plus vaste ; le fris- son de rencontrer de la sorte quelque pé- ril démesuré, quelque levée de fantômes variables, vite diminués ou géants, et qui tour à tour flattent et griffent ; voilà donc ce que recherchent inconsciemment les hommes, par les contraintes et les mé- thodes ascétiques ou par les abandons de l'orgie. Les moins incomplets d'entre nous gardent dès lors l'émoi lucide de ce faste chimérique jusqu'où leur regard s'insinua.

Ils s'écartèrent; mais dans l'affinement et le pli de leurs lèvres, l'inflexion plus riche de leur voix et le court frémissement de leurs mains et de leurs paupières, se retrace l'aveu furtif d'une double tentation refusée. Le charme subtil de tel visage et sa persuasion impérieuse, c'est que soit deviné en un être quelque chose tout ensemble d'effréné et de claustral.

La conclusion se préciserait encore, si l'on n'étudiait plus de façon globale les deux attitudes opposées. De chacune de leurs variétés l'interprétation la moins fragile serait pareillement d'ordre métaphysique.

Le plus souvent la recherche se mutile. Car l'attention aussitôt s'y désoriente, à

scruter la coutumière folie des manifesta-
tions corporelles. Et par suite, surtout au
sujet des diverses sensualités, les écrits
les moins subalternes ne consistent qu'en
dissertations médicales ou moralisantes.
Quelque violent faisceau de lumière, projeté sur telle nappe souterraine, touffue
et périlleuse, de notre individualité eût ici
mieux convenu pourtant que tout précepte
ou anathème.

Un monde aux horizons mobiles se ca-
che en nous, tour à tour orageux et stag-
nant. Des conseils d'héroïsme et de dé-
bauche en surgissent, puis des témérités
ou des paniques, et des moqueries, des
soumissions. Nous ignorons comment les
forces se distribuent à travers ce monde,

selon quelles lignes les courses s'y enchevêtrent, et pourquoi ces brusques remous,
ces silences après un éveil, ces fusées claires ou qui se rompent. Chacun cependant,
de façon plus ou moins distincte, devine
cette masse sous-jacente. Il éprouve qu'il
porte en lui-même une sorte de mystérieux
surplus. Une impatience, que nulle activité, si multiple fût-elle, n'épuiserait.

Or, surplombant cette impatience, voici
la certitude de la mort. Qu'une telle res-
triction extérieure contredise une puissance
expansive qui se sentait illimitée, c'est de
quoi un être se trouble. Il vacille ou se
hâte ; et en lui des rires ou des plaintes
tournoient.

N'eût-il fallu dès lors considérer les

passions comme des signes objectifs, per-
mettant de se repérer çà et là à travers
nos virtualités enfouies ? Les différentes
formes de l'attraction sensuelle eussent
symbolisé les directions très variées, et
plus ou moins décevantes ou victorieuses,
suivant lesquelles spontanément, en présence d'une commune menace, les hommes dissemblables réagirent, et du moins
s'efforcèrent d'amplifier en eux-mêmes la
conscience d'une élasticité intime.

Une expérience sans cesse inachevée,
mais où contribuent les barbaries et les
civilisations les plus étrangères, eût de la
sorte dessiné des divisions indéniables
dans l'inextricable vie latente qui au fond
de chacun de nous se dérobait. On eût
perçu des zones très diverses où un même

instinct traqué se ramifie. Et peut-être eût-on entrevu quelle est la portée de cet instinct, la glissante dérision ou l'efficacité de ces zones elles-mêmes et de leurs subterfuges contre la mort.

Quelques-uns, qui ont dépeint sans dithyrambe romantique l'ivresse produite par l'opium, le haschich et les substances analogues, ont rendu mieux déchiffrable l'une des contrées intérieures que l'on eût pu circonscrire ainsi.

Ce qui oriente vers cette ivresse certains êtres, c'est avant tout, semble-t-il, le soupçon que l'aspect de tout ce qui nous entoure et de tout ce qui se déploie en nous dépend d'une force secrète, abritée au plus lointain de nous-mêmes, mais qui, sollicitée, va se risquer tout à l'heure peut-être, se distendre, émerger bientôt.

Le monde qui nous fut assigné, ce n'est point le seul où nous sachions nous débattre; ni notre personnalité actuelle, ce n'est non plus la seule où nous sachions nous exprimer. Double persuasion qui vaguement s'enroule. Impression confuse et vite disparue, où la raison chavirera. Au ras du sol flottent des vapeurs bleues. Un parfum s'alourdit, « profond », « macéré », « chargé comme un coup de gong [1] ».

1. PAUL CLAUDEL. *Connaissance de l'Est*, 1 vol. in-12, Paris, Société du Mercure de France, 1907, p. 26.

Il voudrait bien plutôt n'être pas ce qu'il est ;
Mais voudrait être quelque chose qu'il ne sait pas,
Dans les airs ou les eaux, ou parmi les rochers [1] !

Un Coleridge meurtri et instable, tout
dolent et si excédé, mais qui, lors de ses
courses parmi les monts, respira sauvage-
ment la vie, au point de la concevoir
comme une entité universelle, ne laissant
nulle place à une réalité contraire [2] ; que

1. COLERIDGE. *Sibylline Leaves*, The *Picture Or The
Lover's Resolution* :

    « If so he might not wholly cease to be,
    He would far rather not be that he is;
    But would be something, that he knows not of,
    In winds or waters, or among the rocks ! »

2. COLERIDGE. *Lettre à Wedgwood*, 14 janvier 1803, dans
COTTLE, *Reminiscences...*, London, 1847, p. 455 : « The
further I ascend from animated nature, from men, and
cattle, and the common birds of the woods and fields,

peut-il demander, sinon de disparaître et cependant de demeurer, et, en s'évanouissant, de se mieux convaincre qu'il dure ?

Maintenant, en effet, tandis que grésillent les lampes et que les tentures épaisses offusquent les bruits du dehors, les oppositions les mieux certifiées s'amortissent. Une molle tentation de ne plus différer de l'esprit s'insinue à travers le corps. Ces hommes dont les yeux se closent ne sentent plus le poids de ce « corps creu-

the greater becomes in me the intensity of the feeling of life. Life seems to me then an universal spirit, that neither has, nor can have an opposite. » « Plus je monte au-dessus de la nature animée, par delà les hommes, les troupeaux, les oiseaux familiers des forêts et des champs, plus grande devient en moi l'intensité du sentiment de la vie. La vie me semble alors un esprit universel, qui n'a ni ne peut avoir de contraire. »

sant les nattes [1] ». Ils éprouvent que s'est liquéflé tout ce qu'il comportait de résistant et de solide. Que discerner en lui qui ne soit transparence spongieuse [2] ? On s'enchante que les muscles soient « amoindris et comme dissous [3] ».

L'esprit, par un attrait inverse, usurpe la passivité et la netteté de l'organisme. Il devient quelque chose de tout réceptif et inerte, où nul germe d'effort ne sub-

---

1. CLAUDE FARRÈRE, *La Bataille*, Paris, p. 43.

2. THÉOPHILE GAUTIER, *Le Club des Hachichins* (Feuilleton de *la Presse*, 10 juillet 1843) : « Il me sembla que mon corps se dissolvait et devenait transparent. » Cf. *Id., ibid.* : « J'étais comme une éponge au milieu de la mer... J'étais devenu perméable, et jusqu'au moindre vaisseau capillaire tout mon être s'injectait de la couleur du milieu fantastique où j'étais plongé. »

3. CLAUDE FARRÈRE, *La Bataille*, *op. cit.*, p. 31.

siste. Et les contours de ses images et de
ses idées s'avivent, aussi précis que ceux
des nerfs et des artères. Cependant les
objets où sa distraction se fixe acquièrent
une proximité subite, un si concave relief
qu'ils lui paraissent situés en deçà de son
contact. Feraient-ils donc partie de lui-
même ? Il joue de s'en composer un corps
plus complaisant, mieux imprégné et plus
spacieux, où se détend sa peine trans-
fuge [1].

Mouvement double et contrasté. Ces
objets s'avancent, presque se blottissent

1. BAUDELAIRE. *Œuvres complètes*, Paris, t. IV, p. 189,
Les Paradis artificiels : « Il arrive quelquefois que la
personnalité disparaît et que l'objectivité... se développe en vous si anormalement que la contemplation

contre la pensée [1]. Pourtant, au même
moment, ils reculent, se mettent hors d'at-
teinte [2]. C'est que, sans doute, des souvenirs ont serpenté vers eux ; et, s'accro-
chant à tous leurs angles, pénétrant par
toutes leurs fissures, ces souvenirs ampli-

des objets extérieurs vous fait oublier votre propre
existence, et que vous vous confondez bientôt avec eux.
Votre œil se fixe sur un arbre harmonieux courbé par
le vent... Ses gémissements et ses oscillations deviennent les vôtres, et bientôt vous êtes l'arbre. »

1. THÉOPHILE GAUTIER, *op. cit.* « Les sons, les par-
fums, la lumière m'arrivaient par des multitudes de
tuyaux minces comme des cheveux, dans lesquels
j'entendais siffler des courants magnétiques. »

2. BAUDELAIRE. *Œuvres compl.*, éd. cit., t. I, p. 158,
Fleurs du Mal, Le Poison :

> L'opium agrandit ce qui n'a pas de bornes,
>   Allonge l'illimité,
> Approfondit le temps, creuse la volupté,
>   Et de plaisirs noirs et mornes
> Remplit l'âme au delà de sa capacité .

fient ou amenuisent leurs masses, qui oscillent. On ne démêle plus si ces objets
sont ces souvenirs devenus palpables ou
si, au contraire, ces souvenirs sont ces objets soustraits à l'espace et qui prennent
figure de durée.

Souvenirs appartenant aux plus diverses phases d'un passé. Mais ils luisent d'un
éclat si égal que les disparités de leurs
origines s'effacent et qu'ils sont comme in-
temporels. De la sorte, par une nouvelle
coïncidence des contraires, une exaltation
de la mémoire donne une persuasion d'oubli. Et la luxuriance même, selon laquelle
est évoqué ce que nous fûmes, suscite l'impression que ce que nous fûmes s'assoupit.

Une buée imbibe des regards. Au-dessus
d'une flamme pâlie, des gouttelettes bru-

nes se vaporisent. De la tremblante tige
de bambou, les lèvres avec plus de nonchalance aspirent la fumée. Tout ce qui
précéda n'a-t-il disparu ? Récentes décep-
tions ; angoisses insistantes, qui écour-
taient le souffle et dont la poitrine restait
creusée ; efforts qui se déchiraient ; de
cette rumeur rien ne persiste. Un être ici
se convainc qu'il s'évade de lui-même et
de tout ce qu'il endura. Mais, où il croit
goûter que s'engloutisse ou que s'effrite
l'aventure qui l'accablait, il discernerait
avec plus d'exactitude une jouissance
tout opposée. Volupté non d'une dispersion, mais d'un plus abondant rappel. Rien
ne s'est amorti ; mais un tressaillement
plus ample se propage parmi des profondeurs négligées. L'épreuve tout à l'heure

obsédante ne torture plus ; et l'on conclut
qu'elle s'est enfuie. Elle a seulement cessé
de meurtrir. Elle n'offensait que parce
qu'elle demeurait isolée. Maintenant que
d'autres images autour d'elle se commémo-
rent, elle perd toute qualité affective. Elle
devient, dans une fresque variable, une
nuance changeante, un élément décoratif.

Il n'y a rien de fixe ni de nécessaire
dans les rapports natifs entre le corps et
l'esprit, le monde externe et le monde intime, la mémoire et l'oubli. Pour modifier
intégralement ces rapports, il suffit de
mettre en émoi une sorte de puissance
enfouie, jalousement dolente en nous et
que la vie quotidienne laisse rarement entrevoir.

Telle est donc la double vérité, que tout d'un coup un homme pressent et dont le voici qui s'enfièvre. Sa pensée n'est point seule captée, mais tout son organisme même et son caprice. Désormais un frisson le saisit de se glisser jusqu'à la force étrange qui gît en lui, d'en sonder les refuges oscillants, l'opulence indéterminée, les promesses interdites.

Plus vraisemblablement que de toute autre cause, — et du moins chez ceux d'entre nous dont les passions ne sont point uniquement des plagiats, — le goût de se soustraire par quelque narcotisme à notre condition normale dérive de cette secousse complexe et de ce trouble.

Intuition torturée et qui ne se détendra

plus. Elle avertit confusément que par
exemple l'esprit et le corps sont comme
rythmés par quelque chose de plus reculé
que l'un et que l'autre, mais qui peut subitement être projeté au premier plan. Une
volonté de se créer, — et aussi de créer
un monde, — n'est-ce point en quoi consiste ce par-delà le corps et l'esprit? Rien
n'importerait davantage que de délier cette
volonté. S'il faut pour cela un subterfuge,
pourquoi n'y pas recourir ?

Au même moment, d'ailleurs, on entrevoit que nos sens ne sont point les seuls
sens possibles. Lors de notre existence
coutumière, ils ne se succèdent pas immé-
diatement les uns aux autres. Leurs données sont discontinues ; et, durant de longs
et infranchissables intervalles, d'innombra-

bles vibrations matérielles ne sont point recueillies. A tout un tumulte qui nous entoure nous demeurons donc sourds et aveugles ; et il y a un vaste espace mort, où pour nous rien de la nature ne survient.

D'autres sens, dont nous ne fûmes pas doués, ne capteraient-ils au contraire cet empire qui se refuse ? Nous ne pouvons à aucun degré les acquérir; mais deviner qu'ils eussent pu être et que leur ébauche incertaine tressaille en notre plus obscur désir vital, cela suffit pour que nos sens actuels se révèlent comme les préformations fragmentaires d'une sorte de sens total, inaccessible, par qui deviendrait absolue notre participation au monde.

Déjà, quand nous nous assurons de connaître avec plénitude une chose ou un être, n'éprouvons-nous que cette connaissance, à force de netteté pressante et directe, revêt les caractères et tout l'aspect d'une sensation ? Sensation qui pourtant n'est jamais explicable tout entière par l'un de nos sens déterminés. Dès lors, ne témoigne-t-elle qu'un sens insaisissable, plus lointain et plus inachevé que les autres, mais dont les autres sont tributaires et où ils se rassemblent et collaborent, s'est un instant éveillé en nous et soulevé jusqu'au jour ?

Ce sens confus et intermittent coïncide peut-être avec la mystérieuse volonté de création, qui transparaît par-delà le corps et l'esprit. Et l'attraction subtile qu'il

exerce; voilà sans doute par quoi l'on peut
le mieux rendre compte des obscurs phénomènes d'audition colorée et de vision
bruissante.

On a coutume de croire exceptionnels
ces phénomènes. Mais plutôt ils ne font
qu'illustrer, comme des exemples extrê-
mes, une loi de toute part vérifiable. Incessamment en effet nos sens semblent
avides de se rejoindre ; et, à mesure qu'ils
s'affinent et s'amplifient, cette impatience
s'accroît. Devant certaines teintes ou lignes, certains regards ont la précision
soyeuse d'un contact, et s'infléchissent au
gré de cadences secrètes. De même, certaines mélodies se prolongent au fond de
nos yeux, et y exaltent des courbes illusoires vite brisées.

Si quelque artifice permet de seconder
ce mouvement naturel et de rendre constante et facile la fusion des nuances et des
sons, comment contre lui se prémunir ?

Or, tandis qu'il subit l'action du haschich,
un Théophile Gautier observe avant tout
que les formes et les musiques s'identifient
maintenant pour lui : « Mon ouïe s'était
prodigieusement développée : j'entendais
le bruit des couleurs. Des sons verts,
bleus, jaunes, m'arrivaient par ondes par-
faitement distinctes [1]. » Ici encore, ce qui
séduira des êtres et attardera en eux une
hantise, ce sera d'obtenir, sans que nul
effort s'impose, un brusque approfondis-
sement d'eux-mêmes, la découverte de for-

1. THÉOPHILE GAUTIER, *op. cit.*

ces primordiales jusque-là masquées, et en des replis qu'ils ignoraient le tressaillement d'une confuse génialité.

Le rythme constant de la nature serait rompu; au centre même des choses une ordance triompherait, si la confrontation avec les vérités les plus décisives pouvait réellement succéder de la sorte à un simple hasard végétal. Partout ailleurs, nulle réussite qui ne soit due à l'intervention obstinée d'un principe actif. Ici, une ruse chimique suffirait. Grâce à une exaltation toute passive, chacun, s'il s'abandonne, entrerait en la possession de sa personnalité la plus inabordable.

Ce désordre n'est qu'apparent. Car, plié à l'ivresse narcotique, l'individu est

asservi sans retard aux puissances qu'il
découvrit au fond de lui-même. Déjà, pour
les déchaîner ne vint-il point en esclave
au-devant d'elles ? Et elles jouent de sa
faiblesse. Les images qu'elles suscitent
autour de lui le désorientent, aux pays
mêmes où elles le guident.

Qu'il se détourne un instant ; et ces
images s'enfuient. Vite elles reparaissent ;
mais les reconnaîtra-t-il ? Chacun de leurs
traits s'est altéré. Elles le cernent, plus
pressantes ; mais ses yeux vacillent ; et il
ne distingue plus que quelques disques
coloriés. De toute leur masse elles insis-
tent sur lui, et le noient.

La volupté dolente qui nous devait dé-
livrer, ce n'était donc qu'un état mixte,

où tout d'un coup la sécurité se creuse en
épouvante. Plus subtilement encore qu'on
ne le pressentait, les contraires y coïncident. La lucidité s'y excède en égarements.
L'apaisement y émiette une détresse se-
couée de fantômes.

Pour affronter, au fond de nous-mêmes,
sans y être ensevelis aussitôt, les régions
occultes qui, de leur mollesse qui s'irrite,
nous provoquaient à plonger vers elles,
l'artifice narcotique était un moyen trop
grossier.

Sur tous les autres plans de notre esprit,
certains problèmes périlleux et primordiaux ne se présentent que décolorés, abstraits et arbitraires, tant ils furent déviés
par des réfractions successives. Mais, dans

ces zones plus dérobées et originelles nous
les côtoyons, et ils s'animent. Rien ne s'interpose plus ; nous nous mêlons à eux ;
nous les saisissons de façon immédiate,
incisive, sensuelle. La vie inaccoutumée et
aveuglante, à laquelle nous sommes ainsi
subitement admis, comment cependant ne
nous étourdirait-elle, si nous y entrâmes
diminués ?

Nous avons abdiqué notre conscience
normale. Il eût fallu au contraire y sculpter des formes neuves, ajouter en nous
quelque chose à la nature. Chaque fois
que nous parvenons à connaître réellement un aspect ou un être, c'est parce
que, souvent à notre insu, nous nous
sommes contraints à une telle œuvre.
Toujours il y a eu auparavant en nous

un accroissement de substance, presque
la création d'un organe spirituel insoupçonné.

Tandis que les sollicite une hantise de
pénétrer jusqu'en des profondeurs d'eux-
mêmes où ils se sachent plus proches de
leur destin, certains d'entre nous n'acceptent point pourtant que leur intégrité
mentale soit menacée. A ceux-là nulle
tâche ne se propose donc plus urgente
que d'inventer des équivalents naturels du
subterfuge narcotique. Il leur appartient
de réaliser grâce à une culture intime
un effort sans analogue jusque-là, variable selon chacun, et dès lors indéfinissable, qui soit comme la transposition active
et lucide d'un abandon.

Si nous ne débutâmes par nous augmen-
ter de la sorte, toutes les certitudes sur
lesquelles, en se retournant, nos regards
avaient cru se fixer au fond de nous-mêmes
s'échappent en cortèges accablés.

Les images où nous nous complaisions
se disproportionnent et nous déchirent.
Des lacs luisants s'extravasent en des
Océans[1], qui gémissent « sous des cieux
dépouillés d'étoiles[2] ». Et sur les eaux

1. Thomas de Quincey. *Works*, 16 vol., Edinburgh,
1878, t. Ier, *Confessions of an English opium-eater*,
p 236 : « The waters gradually changed their charac-
ter ; — from translucent lakes, shining like mirrors,
they became seas and oceans. » « Les eaux graduelle-
ment changèrent de caractère ; — de lacs transparents,
brillants comme des miroirs, elles devinrent des mers
et des océans. »

2. Edgar Poe. *The City in the Sea*.

houleuses commence « la tyrannie de la
face humaine ¹ ». Figures nombreuses
comme les vagues, et comme elles levées
et déferlantes, qui hurlent, lamentent et
supplient ². Dans « des mers sans rivages »
des « montagnes s'éc...lent sans fin ³ ».

1. THOMAS DE QUINCEY, *op. cit.*, éd. cit., t. Ier, p. 266.
« Now that affection, which I have called the tyranny
of the human face, began to unfold itself. » « Maintenant ce sentiment, que j'ai appelé la tyrannie de la face
humaine, commença de se développer. »

2. *Id., ibid.* : « The sea appeared paved with innume-
rable faces, upturned to the heavens ; faces imploring,
wrathful, despairing ; faces that surged upwards, by
thousands, by myriads, by generations. » « La mer
apparaissait pavée de faces innombrables, toutes retour-
nées vers les cieux ; faces implorantes, furieuses, déses-
pérées ; faces qui s'agitaient soulevées, par milliers,
par myriades, par générations. »

3. EDGAR POE. *Dreamland* :

« Mountains toppling evermore
Into seas without a shore. »

De titaniques « allées de cyprès » s'estompent en des nuits qui vieillissent [1].
Nuits perfides,

(Ah ! la nuit de toutes les nuits de l'année !) [2],

où les lueurs d'astres sont menteuses, et où, près du caveau de l'« Ulalume perdue », le cœur devient « de cendre » et morne comme les feuilles crispées qui se dessèchent [3].

Désormais, chaque sommeil chavire en

1. EDGAR POE, *Ulalume* :
     « Here once, through an alley Titanic,
     Of cypress, I roamed with my Soul,
     Of cypress, with Psyche, my Soul. »
2. *Id., ibid.* :
     « (Ah, night of all nights in the year!) »
3. *Id., ibid.* :
     « She replied : « Ulalume-Ulalume,

des « gouffres... sans soleil », dont le
fond s'enfuit, plus lointain à mesure que
la chute s'accélère vers lui. Et l'on n'a
point, quand on se réveille, « la sensation
d'être remonté [1] ». Que ne se délivre-t-on?
Mais tout geste serait une fatigue. Rien ne
subsiste qu'une « impuissance... infran-
chissable [2] ».

« Vallée d'Insomnie », qui s'allonge et

Tis the vault of thy lost Ulalume ! »

. . . .

Then my heart it grow ashen and sober
As the leaves that where crisped and sere,
As the leaves that vhere withering and sere. »

1. Thomas de Quincey, *op. cit.*, éd cit , t. Ier, p. 259 :
« I seemed every night to descend, — not metaphori-
cally, but literally to descend — into chasms and sun-
less abysses, depths below depths, from which it seemed hopeless that I could ever re-ascend. Nor did I
by waking, feel that I *had* reascended. »

2. Baudelaire, *op. cit.*, t. IV, p. 286.

tremble. Des lys « y ondulent et y pleu-
rent au-dessus d'une tombe sans nom [1] ».
Même les arbres et les nuages sont secoués
de fièvre. De cauteleux sentiers tournoient.

Par eux un Edgar Poe chancelant gagne
la « Cité engloutie ». Là, tandis que « les
heures même » auront « un souffle bas » [2],
déjà n'entendra-t-il peut-être, parmi le
bruissement soyeux des rideaux de pour-
pre [3], le sec croassement du corbeau « Ne-

---

1. EDGAR POE. *The Valley of Unrest*
   « Over the lilies there that wave
   And weep above a nameless grave ! »
2. EDGAR POE. *The City in the Sea* :
   « The waves have now a redder glow,
   The hours are breathing faint and low. »
3. EDGAR POE. *The Raven* :
« An the silken sad uncertain rustling of each purple
                                        [curtain. »

vermore »[1] ? Et déjà aussi ne distinguera-
t-il les fenêtres rougeoyantes du « Palais
hanté », où des mélopées discordantes af-
folent une danse fantasque, et où,

> Comme un rapide fleuve spectral,
> Par la pâle porte,
> Une hideuse foule se précipite sans cesse
> Et rit, mais ne sourit plus [2].

1. EDGAR POE, *The Raven*.
2. EDGAR POE. *The haunted Palace* :

> « While, like a ghastly rapid river,
>
>   Through the pale door,
>
> A hideous throng rush out for ever,
>
>   And laugh, — but smile no more. »

Cf. BAUDELAIRE, *Les Fleurs du Mal*, *L'Héautontimo-*
roumenos :

> « Un de ces grands abandonnés,
> Au rire éternel condamnés,
> Et qui ne peuvent plus sourire. »

A une telle « foule démoniaque », dont
ses pensées ont pris la forme, Coleridge,
plus plaintif, a opposé en vain une prière
qui agonise. Le jour, pressentiment de
« l'épouvante nocturne », est pour lui « plus
terne et plus sourd » :

> Toujours remuer de nouveau
> L'enfer au fond de soi par soi-même créé[1] !

Images de hontes et d'expiations. Mais
ces remords qui le renversent, sont-ce ses
propres remords, ou ceux de qui l'insulta ?
Il ne discerne plus si des crimes qu'il en-

1. COLERIDGE. *Letters*, ed. by E. H. Coleridge, London, 1895. t. Ier, p. 435-437. Lettre à Robert Southey,
10 sept. 1803, — *The Pains of Sleep :*
> « Still to be stirring up anew
> The self-created Hell within. »

trevoit il est le coupable ou la victime[1].
Cette mémoire qui s'exaspère, et dont la
netteté nous blesse ; elle n'est plus *notre*
mémoire, mais une procession de souvenirs impersonnels, rapides comme des
cris, et qui nous laissent piétinés.

L'émoi de se débattre tout d'un coup
parmi des forces troubles, indéterminées
et redoutables, situées sur un plan de la
réalité où le raisonnement ni l'action ni
aucun de nos sens définis ne s'introduisent,

1. COLERIDGE. *ibid.*

« Deeds to be hid that were not hid,
Which all confus'd I might not know
Whether I suffer'd, or I did. »

et où la vie et la mort, dont de vagues images tournoient, ne semblent point avoir le même commencement, la même fin et la même figure que la vie et la mort auxquelles nous sommes accoutumés ; n'est-ce point aussi, et par delà l'exiguïté des causes physiologiques, l'origine la plus profonde des diverses passions char-nelles ?

S'il est si difficile de renoncer à quel-qu'une de ces passions, n'eût-elle été qu'une fois éprouvée, c'est qu'elle est une forme de connaissance. Celui qui nous adjure de la rejeter ne nous convainc pas ; car peut-être, à tout autre moment, l'em-porte-t-il sur nous en lucidité et rectitude d'esprit ; mais ici il nous apparaît comme

un barbare. Malgré que devant lui notre
attitude soit humiliée ; — dès qu'il nous
parle, une fierté ironique nous assure.
Même s'il nous émeut, nous sommes tentés
de sourire, à le voir qui sans prudence se
jette en pays étranger et ne s'y aperçoit
point de sa soudaine gaucherie. Il n'a pas
discerné en chaque passion de ce genre
un caractère d'initiation. Ce qu'elle comporte d'intellectuel, voilà surtout ce qui la
rend indéracinable.

Un frisson aigu qui nous traversait
nous a avertis, un jour, de notre affinité
individuelle avec certaines lignes, graciles
ou robustes, que près de nous ce corps,
puis cet autre, agitent, de telle sorte que
jamais le dessin ne s'en achève. Aussitôt

une curiosité de maîtriser ces lignes, de les incurver à notre gré, puis, nous amincissant, de nous couler en elles et que leur brusquerie nous emporte, nous a envahis. Tout se passe comme si notre fascination, c'était, à notre insu, de remonter en elles, jusqu'au point caché où elles naissent et où toute leur loi se décide.

Cependant, trop lentes ou brutales, nos mains s'assouplissent mal à ces courbes. Nos yeux se brouillent, et sur nos lèvres ne tremblent que des mots desséchés. Une lassitude nous prend ; mais nous ne nous détournerons plus. La hantise se précisera, dont nous ne recueillerons peut-être rien qui ne nous déçoive ; et cela même, peut-être aussi, nous ne l'ignorons pas. Aucun revers pourtant ne fera que désormais des

formes ne nous soient une angoisse. Nous
subirons cette persuasion que pour atteindre, à quelque degré, le mystère qu'elles
multiplient, il nous faut nous mêler à elles
et leur adapter notre corps.

Tel est donc le rôle primordial des divers modes de la sensualité charnelle : ils
sont autant de moyens, inégalement gros-
siers, détournés et décevants, pour éprouver que le problème de la forme est, en
son essence, quelque chose d'ultime et où
notre expérience normale ne peut prétendre.

Nos esthétiques et nos géométries astrei-
gnent à des termes précis ce problème.
Jamais dès lors elles ne le saisissent tout
entier ni en son élan initial. Elles le ren-

dent arbitraire, et par là même accessible.
Or, avant de se délimiter afin de devenir
communicable, il se mouvait en chacun
de nous et était inscrit dans notre substance.

Certains replis de notre conscience ne
se dévoilent qu'au moment où par quelque alarme lui-même vers notre attention
surgit comme une fièvre. Dans ces replis
longtemps occultes il vit, d'une vie per-
manente et immédiate. Il ne s'y détache
point, pareil à un objet que l'on puisse
fixer et abstraire. Plutôt il y coïncide avec
nous-mêmes. Il y est un moment nécessaire de notre être, un élément personnel,
une présence irrécusable.

Profondeurs brouillées, mais où par ins-

tants une lumière saccadée se dilate puis
se crispe. Quand quelque passion nous
les découvre, tout ensemble nous nous
penchons et nous voudrions être rejetés
en arrière. C'est que par-delà le caractère
que nous nous connaissions, nous avons
subitement senti toute une exigence igno-
rée et, dans un paysage chimérique et
dansant, une nature en désarroi, — un personnage multiple, inachevé et rapide, qui
s'affuble de masques changeants.

Une cruauté et une douceur, que nous
ne soupçonnions pas en nous et qui ne
savent où s'attacher, montent en fumées
violettes ou jaunes. Nous ne distinguons
point si nous envions d'être bercés ou de
faire souffrir. Un appétit d'avoir peur, —
un vertige de frôler des périls qui chavi-

rent, — s'enroule autour de vœux de re-
cueillement et finit en gestes blottis.

Cependant, par leur structure, leurs dimensions et leur rythme, la lâcheté et le
courage qui de la sorte nous étourdissent
ne ressemblent en rien à notre lâcheté et
à notre courage familiers. Ils dessèchent
d'une âcreté toute différente notre gorge
et y laissent un autre goût de combat. On
dirait qu'ils ne font pas allusion au même
monde.

Dans les zones d'où ils émanent, l'histoire
qui se déroule n'est en effet nullement la
même. Et, tandis que nous nous accoudions
et que nos yeux brûlés pressaient nos
mains, ce qui nous attirait et nous refou-
lait en même temps, c'était de pressentir

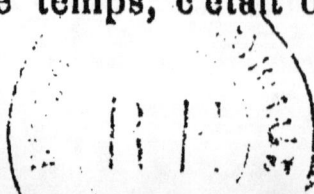

7

confusément tout à coup que nous ne sommes pas mêlés à une action unique, mais
figurons dans plusieurs drames simultanés
et dissemblables, qui n'ont ni les mêmes
cimes ni la même extension, et où les mêmes mots ne recouvrent point le même
sens.

Notre forme actuelle, était-ce rien autre
que notre forme la mieux émergente, celle
qui par fortune se réalise un instant, parmi
le bruissement de nos innombrables formes possibles ? Impression trop riche, et
qui dans tous nos membres accélérait une
ferveur perfide. Il nous semblait que, malgré l'habituelle stabilité de notre être, nous
gardions, inépuisée, une puissance de le
bouleverser tout entier. Nous nous con-
frontions avec un nous-même plus lointain,

qui consistait en une attente de la forme
et en une impatience vers elle. Cette forme
deviendrait-elle la nôtre? Deviendrait-elle
celle d'autres êtres? Nous ne prononcions
point; et peu nous importait. Notre seule
exigence, c'était que des formes fussent
maniées.

Les régions les plus reculées de notre
conscience ont ainsi un caractère démiurgique; et c'est pourquoi le problème de la
forme les exprime spontanément et s'y
déploie, en une vie ininterrompue et concrète. En son essence, et avant qu'il se
réfracte pour s'adapter à nos recherches, ce
problème est en nous comme un aveu direct. Il traduit notre sensation d'un élément
démiurgique inclus dans notre personna-

lité, — notre contact avec une existence tout à la fois métaphysique et individuelle.

Par là même, il se confond avec le problème de notre durée. De l'énergie plastique, dont nous avons deviné le tressaillement, ne tenterions-nous en effet de découvrir quelles sont l'acuité et l'étendue ?

Tel homme, s'il n'abdique pas sa passion de quelque pâleur qu'elle le creuse, et en dépit que sous ses pas il sente le sol s'amollir, ce n'est donc point seulement parce qu'une obsession tenaille sa chair. Mais, en un jour qu'il a oublié peut-être, cette passion lui fut un stratagème pour s'entrevoir plus proche de son destin. Ses doigts tremblaient ; et il entendait à peine les paroles maladroites où sa voix s'assourdissait. Pourtant, à travers son désir qui se crispe

et que hâte une crainte sans objet, il éprou-
vait que sa notion du définitif et du transitoire était soudain toute changée. Il per-
cevait un autre visage de la mort, et que
le problème de la mort, tel que l'impose
l'expérience commune, reste trop strict et
grossier. En une intuition, qui le plus souvent ne s'est prolongée pour lui qu'en stupeur, il devinait au fond de lui-même des
refuges plus taciturnes, où ce problème
s'immerge dans un temps moins déterminé,
plus hasardeux, et plus opulent.

Un préjugé presque général nous a accoutumés à considérer la vie spirituelle
comme seule énigmatique. Le corps, croit-
on, ne nous intrigue que parce qu'il mas-
que cette vie ; mais il ne recèle point de

mystère indépendant. Les âmes se cher-
chant à travers l'entrave physique et de-
meurant inaccessibles ; thème romanesque
devenu banal. En vain ces deux êtres
s'étreignent ; ils ne s'arracheront point à
leur solitude.

Plus profondément au contraire on
discernerait que le corps ne nous propose
pas un mystère moins subtil. Ses inflexions ;
ses plis indolents ou agiles ; les courbes
furtives qu'il trace et détruit aussitôt ; ses
ombres fauves, ses clartés, abruptes et ses
molles pâleurs ; qu'est-ce que tout cela,
sinon les éléments d'une énigme non moins
complexe et importante que celle dont un
esprit nous inquiète ? L'analyste le plus
aigu des sentiments et des pensées n'élu-
cide pas un secret plus vaste ni plus ul-

time que par sa Vénus étendue un Velas-
quez, qui se distrait de toute curiosité
psychique. Seul un miroir détient le visage de la déesse, et rien n'y transparaît
qui trahisse une âme précieuse. Parmi les
étoffes qui alentour retombent, tant de
nonchalance ne sera jamais appesantie.
Mais le miroir qui s'interpose, n'est-ce
point pour figurer sur quel plan l'œuvre
se situe, et que l'harmonie en serait dé-
truite par toute recherche d'expression ?
Le rythme se briserait, si ce front ou ces
yeux participaient d'une autre sorte de
beauté que la chevelure ou que les bras ;
et la qualité de ces lignes s'accroît de ce
qu'à nul moment elles ne deviennent em·
blématiques.

Une inaccessible énergie plastique sem-

ble, en chacun de nous, modeler à tout
instant la forme et, en présence des atta-
ques et des secours du monde ex'érieur,
décider de ce qui en cette forme sera constant et sera variable. Ainsi assure-t-elle
que chaque corps acquière une valeur unique et ne soit comparable à aucun autre.
Elle n'est, dès lors, en rien moins domi-
natrice que celle qui, en le modifiant sans
cesse et d'une manière jusque-là inconnue,
différencie de tous les autres un esprit. De
même, elle n'est pas moins liée au double
pathétisme de la vie inépuisable et de la
mort.

Quand une œuvre d'art traduit vraiment
un corps, elle nous rend saisissable cette
énergie plastique. Nous avons devant nous,
— et quel que soit son apparent repos, —

ce corps non seulement construit, mais se construisant. Il a en lui de l'absolu, quelque chose d'inflexible et de fluide tout ensemble, un hiératisme latent, la stricte liberté d'une loi architectonique. ✗

Ce qui suscite notre désarroi en face de la mort, peut-être n'est-ce point seulement la certitude que de la vie mentale d'un être tout sera effacé, un jour. De telle âpre fierté, de tel calme lentement conquis, de telle douceur qui se penche, rien ne subsistera ; et, nulle identité n'étant possible dans notre univers, aucun avènement, fût-ce d'une puissance spirituelle plus vaste, ne compensera cette ruine. Jamais plus des sentiments ni des idées ne se succéderont suivant une cadence semblable.

Mais que cette forme dont s'émurent des regards soit bientôt toute dispersée, ce n'est pas un désastre moindre. Des lignes analogues n'avaient encore été tracées ni combinées ; et nulle part elles ne seront plus unies. Lors donc que la beauté où elles se composaient se désagrège, une création se perd, où nulle magnificence future ne prétendra.

Ceux d'entre nous qui se réfugient en la promesse d'une survie n'en attendent qu'une revanche précaire, puisque le plus souvent leur raison s'y résigne à tout l'évanouissement de l'aspect. Pour que cette survie ne fût point inconsistante, il faudrait que, de quelque manière insoupçonnable pour nous, cet aspect s'y transposât, et que du moins se gardât et continuât d'agir

la force qui le rendait irréductible à tous
les autres.

La sensualité charnelle, avec son contraste d'obsession et de versatilité, résulte
dès lors avant tout peut-être d'une sorte
de persuasion confuse et éperdue. Pressentiment d'une énigme indéfinie, aussi ployée
et diverse que les corps, et par laquelle,
en des domaines troubles, soustraits à notre expérience normale, l'individualité semble rejoindre un monde primitif et fatidique.
Dénués de la puissance d'analyse, qui
seule permet l'invention ou la compréhen-
sion artistique, la plupart des hommes
n'atteignent un tel pressentiment que selon
les violences de l'impulsion et du désir.
Mais sitôt qu'ils le brutalisent, le mystère

se dérobe, qu'ils ne poursuivaient qu'à leur
insu. Et par là même, ils sont incessamment leurrés et las.

Un silence s'interpose entre ces deux
êtres, qui ont cru se livrer l'un à l'autre.
Une rancune qu'ils ne s'expliquent point a
succédé en eux à la curiosité assouvie. De
s'appartenir mutuellement, ils sont devenus plus étrangers. Regards qui s'évitent ;
mains impatientes et qui se hâtent. Une
colère sourde et humiliée appesantit les
minutes monotones.

Tant de fatigue qui s'irrite, c'est de
n'avoir point compris que ce que l'on re-
cherchait à travers ce corps convoité,
c'était inconsciemment le secret de la
forme qui s'y exprime. Forme unique et
menacée, qui n'avait jamais été réalisée et

ne le sera jamais plus. Mais, pour qu'elle
ne fût point vite décevante, il eût fallu
que l'on découvrit en elle, à force de passion ennoblie et soigneuse, l'activité plastique qui la constitue et la maintient, et
qui, fragile et susceptible, est dans ce corps
et au delà de lui comme une présence in-
corporelle.

N'est-ce point dire que l'amour, même
uniquement charnel, ne parvient à nulle
magnificence et ne persiste point, si dans
cette chair qui le suscita il ne distingue
un élément qui n'est plus strictement physique : une impatience sculpturale qui s'ingénie, une loi individuelle et concrète de
l'apparence ?

Fiévreux à entourer ce corps, ces bras

le semblent écarter de quelque menace
invisible. On croirait qu'ils le veulent aug-
menter de la force dont maintenant leurs
artères avec plus de rumeur sont scandées,
ou qu'au même moment, par leur douceur
subite, ils obtiennent que, s'allégeant et
plus fluide, toute la beauté enclose en lui
se porte à sa surface, s'y exalte, et y devienne toute transparente. Dans tel lent
abaissement de la paupière ; dans une
lueur soudaine et plus fauve des regards ;
dans quelque brusque cambrure intimi-
dée ; cette beauté, un instant, sera en
effet tout entière contenue. Et ce qui lui
donnera alors tant de violence tremblante,
ce sera de se révéler comme une applica-
tion à ne point mourir, ou du moins comme
une ferveur de condenser dans une sen-

sation unique non moins de durée que
n'en traversera sa mort.

Par contre, lorsqu'il devient plus intense, un amour tout spirituel surprend
peu à peu, au plus profond de l'âme vers
laquelle il se penche, une énergie qui n'est
plus purement psychique.

Les idées et les émotions qui se déploient
dans cette âme, il cesse en effet de les juger exclusivement en elles-mêmes. Il ne
les perçoit plus détachées et immatériel-
les. Il devine comment elles furent susci-
tées et comment elles croissent. Elles le
séduisent ou l'irritent. Il est avide qu'elles
se ramifient encore, ou au contraire qu'elles s'atténuent, disparaissent ou changent.
Elles ont une sonorité, un frémissement,

une couleur, presque une chaleur et un goût. Elles sont des êtres, avec une physionomie et une intimité.

Ce qui est recherché en elles, à ce moment, n'est-ce point dès lors le geste et comme le style de la personnalité d'où elles émanent? Or, comment définir ce style, sinon comme la projection d'une force constructive ? Ainsi notre tendresse, qui de celui sur qui elle s'incline avait cru négliger la forme, retrouve enfin cette forme dans les replis mêmes de la vie mentale où elle se flatta de s'en déprendre.

On ne pénètre pleinement telle impression ou telle opinion d'un être étranger que quand on en découvre le rapport avec telle familière attitude de cet être, telle in-

flexion de sa voix ou tel frisson de ses
yeux. Alors seulement l'état de conscience,
dont fréquemment par les mots rien ne fut
exprimé que de banal, est saisi en ce qu'il
comporte d'unique et d'irréductible. On le
situe dans un drame, somptueux ou mes-
quin, qui ne ressemble à aucun autre, et
dont il est l'un des instants.

Drame le plus souvent insoupçonné du
personnage même dont il retrace l'aventure. Il figure comment, à travers une série de maladresses ou de réussites, une obs-
cure aspiration incluse dans un homme
s'ingénie à se préciser.

Captant des fragments de la durée et de
l'étendue, cette aspiration se délimite. Elle
les anime, se les incorpore. A leur confé-
rer une signification singulière, que nulle

autre présence n'eût obtenue, elle tente de
se manifester irremplaçable et, par suite,
nécessaire peut-être.

A l'amour psychique et à l'amour charnel un double paradoxe est de la sorte im-
manent. Il s'accentue, à proportion que
l'un ou l'autre s'approfondit. Dans tout
amour intégral, une angoisse se mêlera
donc inévitablement à la joie.

Plus en effet nous aimerons, et plus
nous semblerons poursuivre à travers un
corps et un esprit quelque chose qui serait
situé par delà, et dont tous deux procéderaient. Tout se passera comme si nous les
voulions l'un et l'autre atteindre là où ils
ne sont encore rien de défini et de stable,
mais où plutôt ils diffèrent à peine, hési-

tent et, parmi des menaces de destruction
et des possibilités démesurées, se créent
perpetuellement.

Aimer pleinement un être, ce serait le
percevoir au delà de sa chair et de sa pensée, dans l'unité et l'origine incessante de
l'une et de l'autre. Par là même, le plan
de l'univers où toute notre expérience normale se déroule serait déserté. Nous serions enveloppés de forces et de lois qui,
non seulement par leurs dimensions et
leurs contours mais par leur essence, se
distingueraient de nos lois et forces fami-
lières. ✗

Dans la mesure même où nous aimons,
nous sommes dès lors désorientés. Chaque
moment devient comme plus chargé ; et

cependant toute durée pressentie est trop
brève. De même, de plus en plus tout le
lointain de l'espace se condense vers le
tangible ; et pourtant nul horizon ne nous
paraît plus assez refoulé. Parallèles ano-
malies où, devant nous et autour de nous,
le temps et l'étendue s'altèrent. Les limites habituelles de l'un et de l'autre chavi-
rent ; et celles qui les supplantent ne gardent en rien la même nature.

Selon un rythme comparable, nos limites personnelles ont elles aussi changé
d'aspect. Nous sommes devenus pour nous-
mêmes à la fois plus immédiats et plus
dérobés. Maintenant, dans notre conscience, tout état nouveau et qui nous traduit de façon directe prend un caractère
chimérique. Projets en arabesques ; sou-

haits fastueux et qui se briseront ; intentions de départs, de voiles dépliées, puis de longs repos assouvis ; musiques improbables, étirées en spirales ou subitement calmées, au-dessus de golfes bourdonnants. Toute cette féerie intérieure, dont notre ferveur se décore, est froissée dès qu'elle s'objective. Vite les événements la désagrègent.

N'était-elle donc que faiblesse ? Plutôt elle exprimait, dans un milieu hostile, une forme de vie qui ne peut avoir rien de commun avec notre plan cosmique accoutumé. Par delà le corps et l'esprit un insaisissable tressaillement ; voilà en effet, dans un autre être et en nous-mêmes, ce qui nous retient désormais. A se réfracter en un monde où nulle réalité n'est con-

cevable que psychique ou corporelle, tout
ce qui émanera de ces profondeurs fris-
sonnantes semblera hagard, dépaysé et
fantastique.

Pourquoi, par contre, serait-ce un moindre exil, quand les concepts qui valent
pour notre expérience quotidienne s'introduisent dans ces régions dérobées ? A de
certains moments, tandis que de façon intense nous vivons très loin en nous ou en
une personnalité étrangère, les causalités
normales, les vérifiables proportions de
l'étendue et de la durée nous choquent.
Rien de ce qui se passe qui ne nous ap-
paraisse comme une allusion dissonante.
Ce qui se révèle chimérique, c'est le geste
où l'on croit que nous nous traduisons,

telle phrase prononcée, cette lettre que
nous signons, l'heure même qui s'inscrit.

Moments que jamais nous ne traversons
sans les éprouver plus réels que tous les
autres, et dans la mesure même où du point
de perspective de ces autres ils sont illusoires. Par l'unique terme : réalité, deux
ordres pleinement distincts sont donc si-
gnifiés tour à tour. Tant d'émoi, c'est de
nous être sentis transportés parmi des
énergies insolites, des hasards différents,
un second destin individuel qui se .com-
pose. La nature où nous sommes mêlés
n'est plus faite des mêmes éléments. Nous
appartenons à un autre mode d'apparition
de l'univers.

L'égarement en face de certains problèmes ne résulte-t-il, dès lors, de ce qu'avant
de les aborder on ne discerna pas à laquelle des deux réalités ils se rapportent
ni quels moments de notre être les suggèrent. On ne brisa point les formes impo-
sées à la méditation par l'expérience cou-
rante ; ni, avant toute recherche, on ne
s'astreignit à transcender la préoccupation
corporelle ou psychique. Or, ces problèmes concernent l'étrange puissance plastique qui tressaille en nous par delà le corps
et l'esprit.

Ils fussent devenus spontanément moins
obscurs, à mesure que l'on eût mieux dé-
chiffré cette puissance. Elle commande, au
fond de chaque homme, à son apparence
terrestre, et constamment la détermine.

En la scrutant assez avant, on eût découvert si elle est ou non susceptible de gouverner et construire une autre apparence, quand celle-là sera annulée.

L'énigme réelle et pressante, peut-être n'est-ce point celle où s'occupent les philosophies. Disputer s'il y a en nous une substance fatalement mortelle, une autre fatalement immortelle ; querelle décevante et sans contact avec la vie. Mieux eût valu interroger si notre esprit et notre corps ne seraient point l'incessante et double projection d'un élément plus lointain qu'eux-mêmes, situé sur un plan de l'univers où nos actes habituels ne nous admettent pas à pénétrer. Lors d'aventures exceptionnelles et de minutes exaltées, cet

élément serait ressenti. De son attraction
confuse procéderaient les désordres et les
contraintes des désirs, toute l'alternance
passionnelle, notre avidité de renonce-
ment ou de ravage.

De la sorte, cependant, le mystère essentiel cesserait d'être quelque chose de
fixe et de général. Il apparaîtrait innom-
brablement individuel, et modifié par chaque événement intérieur.

Si en effet une force ultime, d'intensité variable selon les êtres, veille au plus
secret de chacun de nous, — pleine de
ruses imprévisibles et d'audaces obstinées,
puis vacillante çà et là, — comment serait-
elle partout soumise à un destin identique ?
Dès maintenant, nul instant où elle ne

s'exprime par l'invention vivante du corps
et de l'esprit ; mais jamais elle ne se con-
fie tout entière à l'attitude ou à la pensée
qui la traduisent furtivement.

Sans trêve pourtant tout le geste multiple où elle se déploie l'amplifie ou la restreint. Et ainsi, pour chaque homme, des
termes jusque-là inconnus et qui ne seront
jamais renouvelés formulent de façon per-
pétuellement changeante, et comme en
une variable équation dynamique, un problème qui sera posé cette seule fois. Que
se décide si en cet homme la force distincte de toutes les autres, et vers laquelle
afflue sans cesse et se concentre tout ce
qu'il recèle de moins comparable, sera capable de quelque prestige quand elle se
heurtera à la mort !

Arrivera-t-elle accrue, ou au contraire diminuée, par la durée où elle se traça? Dans un univers aux dimensions subitement changées, où le même rythme ne convient plus et où des lignes tout autres peuvent seules être tracées, saura-t-elle, à ce moment encore, en une souplesse assez précise, continuer de projeter une forme ?

CHAPITRE III

La Présence de l'Univers

Notre pensée, avec les postulats logiques qui lui sont immanents et dont elle ne parviendrait point à se déprendre, n'est pas quelque chose d'absolu et que l'on puisse isoler de l'espèce vivante qui s'y exprime. Elle semble toute relative à cette espèce et en traduit les conditions de persistance et d'accroissement. L'expérience que les races humaines traversèrent eût été interprétée de façon toute différente et non moins exacte par des races construites selon un autre plan organique

et qui se fussent proposé une autre sorte
de victoire.

Nos principes les plus rigoureux, — et
tels que le contraire nous en est inconce-
vable, — rien ne prouve qu'ils répondent à
la nature des choses et à une nécessité
objective partout inscrite. Ils précisent
plutôt les limites que nous ne saurions dé-
passer, et où nous devrons nous astrein-
dre pour que l'apparence ne nous devienne
pas un chaos. Que, par exemple, il ne nous
soit point permis d'affirmer et de nier au
même moment un même objet ; cela ne témoigne point que nous soyons initiés à
quelque secret universel ; cela manifeste
uniquement une impuissance de notre esprit.

Quelle que soit notre souplesse intellectuelle, un instant arrive toujours où il n'y
a plus de paradoxe possible. Une seule opinion peut être formulée. On en conclut que
cette opinion est vraie. Il serait plus légi-
time de prétendre que vient d'être atteint
l'un des points où toute plasticité mentale est supprimée, et où la fantaisie individuelle est d'avance interdite par une
sorte d'entêtement de l'espèce.

Analysant les « catégories » de notre
raison, un Nietzsche surprend en quel
sens amoindri et pour ainsi dire physique on les doit appeler « vérités ». « C'est
seulement », dit-il, en ce que « pour nous
elles posent des conditions-de-vie. » Et
il ajoute que de même « l'espace d'Eu-

clide est une telle « vérité » qui impose une
condition »[1]. Or, prétendre que « de nécessité absolue » il fallait qu'il y eût des
hommes serait insensé. « Raison » tout
comme « Espace d'Euclide » ; voilà donc
« une simple idiosyncrasie de certaines
espèces animales, — et une seule à côté de
bien d'autres ». Et, conclut Nietzsche, « la
contrainte subjective qui empêche ici de
contredire est une contrainte biologique[2] ».

1. NIETZSCHE. *Wille zur Macht*, Livre III, § 272. « Die
Kategorien sind « Wahrheiten » nur in dem Sinne, als
sie lebendingend für uns sind : wie der Euklidische
Raum eine solche bedingende « Wahrheit » ist. »

2. ID., *ibid* : « Da Niemand die Nothwendigkeit dass
es gerade Menschen giebt, aufrecht erhalten wird, ist die
Vernunft, sowie der Euklidische Raum, eine blosse
Idiosynkrasie bestimmter Thierarten, und eine neben
vielen anderen... Die subjective Nöthigung, hier nicht

Dans la mouvante continuité de l'espace et du temps, nous avons distingué des objets et aligné des séries d'effets et de causes. Nous nous sommes désintéressés de ce qui change trop vite et de ce qui ne revient jamais, pour ne nous occuper qu'à ce qui semble durer ou sera susceptible de retours. Par là, le monde a été pour nous simplifié ; les choses et les vies nous sont devenues maniables ; et nous nous sommes emparés de la terre. Cependant d'autres êtres, également doués mais dont les aptitudes eussent été inverses et comme complémentaires des nôtres, n'eussent-ils pas retenu ce qui

widersprechen zu können, ist eine biologische Nöthigung. »

nous échappait et négligé ce dont nous
avions souci ? Intelligences plus liquides,
à qui l'abstraction n'eût pas été nécessaire, et qui se fussent souvenues sans être
contraintes de résumer. Elles se fussent
adaptées à ce qui s'écoule, eussent constitué
des sciences qui ne nous sont point soup-
çonnables et par où se fût instauré un
autre mode d'empire. Le résultat n'eût
pas été moins transmissible ni moins vrai.

Contingence assujettie ; notre vie mentale n'est-elle donc que cela ? Si en effet
notre science n'est point un réceptacle ou
un reflet mais une construction, nos concepts ne s'infléchissent pas au gré d'une
réalité indépendante de nous et qui peu à
peu par leur entremise se révèle. Ils sont

les instruments de nos ruses. Dès lors,
selon le point de perspective que l'on
choisit, en eux on ne discerne rien que
du hasard ou au contraire rien que de la
nécessité. Métaphysiquement et au regard
de l'ensemble des choses, leur apparition
est pur accident : d'innombrables autres
ruses, également expertes sans doute,
pouvaient leur être préférées. Mais, à se
concentrer vers l'homme, on perçoit que
sa structure constante, ses règles spéci-
fiques de défense et de triomphe, et les
lignes mêmes de ses nerfs, interdisaient
tout autre appareil. De tels concepts, ou
d'autres semblables, pouvaient seuls surgir.

Le mot même de connaissance se dé-
pouille, de la sorte, de toute signification
intemporelle et impassible. La connais-

sance devient le sillage de l'action. Opposant à Platon Protagoras, quelques-uns, parmi nous, demandent donc que l'on ne prétende plus à « déshumaniser » cette connaissance, à « lui attribuer une « indépendance » par rapport aux fins humaines, un « caractère absolu » qui la sépare de la vie, une « éternité » qui la mette en de' rs du temps [1]». Les philosophies idéalistes et réalistes avaient accepté « un postulat commun ». Elles avaient admis que « la perception a un intérêt tout spéculatif [2] ». Or, au contraire, cette percep-

---

1. F. C. Schiller, *Etudes sur l'Humanisme.* Trad. fr. par le D' S. Jankolovitch, Paris, Alcan, p. 89. *De Platon à Protagore.*

2. H. Bergson, *Matière et Mémoire,* Paris, Alcan, p. 14.

tion n'est point « connaissance pure ».
Elle « dispose de l'espace dans l'exacte »
mesure « où l'action dispose du temps [1] ».

Les différentes espèces vivantes apparaissent désormais avant tout comme des
puissances d'évaluation. L'agencement de
leurs organes et de leurs membres, la svel-
tesse ou la compacte élasticité de leurs
muscles, la courbure même de leur sque-
lette, n'indiquent plus uniquement vers
quelles proies elles seront tentées, ni quelle
sorte de résistance elles opposeront aux
convoitises. Toute cette architecture symbolise d'autre part le degré d'éclat ou
d'obscurité qu'elles conféreront aux évé-

1. H. Bergson. *Matière et Mémoire*, op. cit., p. 11 et
p. 19.

nements, aux choses, aux êtres. En exa-
minant avec assez de minutie leur corps, on
prédirait comment tout se classera pour
lui, et par suite non seulement ce qu'il re-
cherchera, — et selon quelles variables
intensités —, mais aussi ce qu'il percevra,
— et avec quelles nettetés, quelles mollesses et quelles ombres. Ce corps est
comme l'emblème d'une hiérarchie de va-
leurs. La rivalité des espèces animales traduit la rivalité de ces diverses hiérarchies,
toutes conventionnelles. L'épreuve seule,
et non quelque comparaison à telle norme
préexistante, permet de prononcer quel est
le classement supérieur.

Le rôle essentiel de la pensée humaine
semble consister dès lors à maintenir et à
accroître, à travers les générations et les

races, une certaine forme corporelle et un mode distinctif de représentation, d'ailleurs tout schématique et inséparable de cette forme. Au delà cependant, ne découvrirait-on dans cette même pensée un élément plus indéfinissable mais plus intime, par où serait débordé tout ce mélange de contrainte et de hasard ? Élément à la fois plus secret et plus dilaté. Le lien qui rattache à l'espèce la vie mentale y serait détendu. Et la signification de cette vie mentale, sa portée, — peut-être aussi, par là même, son destin, — apparaîtraient tout ensemble plus vastes et plus particuliers.

On commence de soupçonner la présence d'un tel élément, si l'on remarque

que dans notre esprit les notions d'individualité et d'univers diffèrent étrangement
de toutes les autres. Elles sont les plus
claires et en même temps les plus vagues.
Après les plus habiles efforts d'analyse
destructive, elles se retrouvent, intactes.
Pourtant, à les définir ou décrire, on se
contredit. On se déçoit de formules gros-
sières ou d'images fragiles.

Considérer en effet l'univers comme
formé d'atomes, simples, géométriques et
tournoyants, qui s'unissent puis se sépa-
rent ; ou, pour mieux rendre compte de
la force partout répandue, le représenter
composé de monades qui, confuses ou lucides, sont riches de tout ce qu'elles excluent, puisque dans chacune d'elles tout
le reste retentit et pour un regard infini

serait déchiffrable ; supposer entre les
planètes ou les soleils l'homogénéité d'un
fluide impondérable, où la lumière se propage et où le son s'évanouit ; qu'est-ce
que tout cela sinon toujours un impro-
bable symbolisme, plus ou moins subtil
et ample, émouvant ou desséché selon les
êtres qui y recourent, — une mythologie
sans naïveté et soucieuse d'être ration-
nelle, qui tour à tour accélère puis entrave
les découvertes ? Pareillement, concevoir
l'individualité comme une unité immuable,
que le chancelant caprice des événements
et les versatilités intimes ne désagrègent
ni n'altèrent ; ou, au contraire, la figurer
comme une synthèse variable et toujours
imparfaite d'états de conscience incessamment renouvelés ; c'est de part et

d'autre raturer des faits et, en présence
de la réalité la plus concrète, tout subor-
don..er à une abstraction mathématique,
— admettre que les seules circonstances
de singularité et de multiplicité soient si-
gnificatives et centrales.

Nulle théorie de l'individualité et de
l'univers que de la sorte on ne constate
toute schématique. Tel accroissement de
l'expérience ou telle critique moins peu-
reuse la va dissoudre.

A peine cependant croirons-nous con-
sentir que les deux notions s'annihilent,
et qu'il n'y ait rien dans le monde que
des objets particuliers, rien non plus dans
l'esprit qu'une succession d'instants psychiques, nos gestes, nos paroles et toute

notre allure révéleront que notre certitude
intime n'a point fléchi. A notre insu, nous
continuons d'éprouver que l'individualité et l'univers ne sont point des illu-
sions.

Tout se passe donc comme s'ils s'impo-
saient à nous par un émoi direct. Les
concepts où nous prétendions les réduire
étaient fragiles ; mais ces concepts ne re-
tenaient qu'une part infime et accidentelle
de la complexe transcription mentale où
l'un et l'autre se confiaient. Essentiellement, l'individualité et l'univers nous
étaient donnés comme deux faits, indé-
pendants de toute convention, et dont
nous subissions obscurément la constante
approche. N'en devrait-on point conclure
qu'ils se communiquent à nous de façon

immédiate, et demeurent en nous non à
l'état d'idées mais à l'état de sensations?

Il semble, tout d'abord, paradoxal de
supposer une telle sorte de sensations.
Car aucune sensation n'est possible, sinon
de phénomènes circonscrits dans l'espace
et déterminés dans le temps. Or l'univers
ne se confond en nulle occasion avec le
plus vaste ensemble d'images saisissables ;
et l'individualité déborde toujours infiniment la nuance psychologique qui à tel
moment se manifeste.

L'objection s'évanouit pourtant, si l'on
observe que jamais nos sensations de l'univers et de l'individualité n'existent de façon indépendante. Elles ne se suffisent
pas à elles-mêmes. En revanche, dès qu'une

sensation parvient à une intensité assez
aiguë, inévitablement elles s'y introduisent. Elles sont, au fond des plus diverses,
l'aveu même de cette intensité.

Toute sensation faible garde en effet
un caractère presque abstrait. Elle est la
simple affirmation d'une existence, une
sorte de chiffre à peine dessiné et que vite
un autre chiffre efface. Mais voici qu'elle
s'amplifie. Aussitôt, elle devient à la fois
plus nette et plus illimitée. Elle se concentre, — et cependant se prolonge, voltige
de toute part, selon des courbes diver-
gentes et au gré de modes imprévus.

. Pour expliquer ce faste, c'est trop peu
de noter le réveil d'images et d'idées que
nous possédions déjà et qui de notre passé

accourent. Si tout se réduisait à ce mécanisme d'associations mentales, que l'on a fréquemment décrit, notre impression serait celle d'un repliement ou d'un retour, non celle d'une hâte hors de ce qui fut. Les idées et les images agiraient sur la sensation, qui réagirait sur elles. Mais le changement survenu en nous serait partiel et discontinu. Or nous éprouvons que ce qui se transforma est quelque chose d'ininterrompu et de total. Nous ne sommes plus en face du même monde.

Une sensation véritable est polyphonique. Signalant telle qualité de tel corps qui se présente, elle apprête notre riposte. Mais ce n'est là qu'un fragment de son œuvre. Au-dessous de l'indication qu'elle

nous donne nous devinons un frémissement multiple et presque un luxe orches-
tral. Des mélodies simultanées et imprécises s'étagent ou s'enlacent, et jamais ne
s'achèvent. Quelques-unes résonnent si
loin de nous que nous n'en recueillons
aucun accent.

Autour de l'image avouée et distincte,
voici des espaces concentriques, de plus
en plus pâles. Ils se succèdent en nombre
indéterminé et inépuisable. Par suite, dès
qu'elle atteint à quelque plénitude, chaque sensation se résout tout entière en un
contraste. Dans le même instant, en effet,
elle relate quelque chose de délimité et
quelque chose qui défie toute propriété
isolable. Elle instruit de telle forme et de
telle existence, et également d'une sorte

de forme indescriptible et d'existence in-
qualifiée. N'est-ce point dire qu'en même
temps que de l'objet qui la provoque elle
avertit de l'univers ?

Plus elle s'accentue, et plus elle rend
transparente cette dualité. Chez beaucoup
d'hommes les sensations restent toujours
en deçà du point où le second élément
commence d'être discernable. Elles sont
ternes et molles, alternativement brutales
et languissantes. Elles ne font que provo-
quer des répliques ou commenter distrai-
tement une torpeur. Leur exactitude illusoire n'est qu'absence de complexité. Le
plus souvent, elles s'évaporent sans tarder.
Parfois cependant elles persistent, mais ce
n'est pas en se modifiant. Elles ne tour-

noient pas, au centre d'une double richesse mouvante, l'une aimantée vers elles, l'autre diffusée vers le dehors. Elles se closent et s'obstinent, vite durcies en obsessions.

A l'origine de tout pédantisme, il y a ainsi plutôt qu'une difformité tout intellectuelle une indigence lointaine, survenue avec les sensations mêmes, et déjà lors de leur éveil. Dès ce début, ces sensations s'alignent, d'une allure tout ensemble futile et péremptoire. Jamais elles ne se penchent les unes sur les autres. Elles ne s'encerclent point d'une zone d'hésitation colorée, abondante et comme rétractile ; et dès lors elles manquent à la fois de discrétion et de rayonnement. Elles ont pris aussitôt une lourdeur de sentences. Elles semblent, une à une, prononcer que

rien d'autre qu'elles-mêmes n'existe. Et en
effet, tour à tour elles existent seules. Elles
ne se disposent point dans l'esprit, sinueuses et balancées, prêtes à quelque danse
complexe qui, en cortèges variables et selon des rythmes changeants, les mêlera
puis leur suggérera de se disjoindre. Elles
sont des négations de toutes les autres.
Mais ce qui les condamne à s'exclure de
la sorte, n'est-ce pas de ne point partici-
per à une force commune et, successives
figures de l'oubli le plus vaste, d'être des-
tituées de l'univers ? Trop hâtivement elles
se sont refermées ; et elles demeurent
trop peu intenses pour que cet univers se
propage jusqu'à elles. Certains hommes ne
possèdent pas d'images ; ils n'ont que des
opinions. Ils sont emmurés hors du monde.

De là, cette voix dénuée de timbre, et où des notes que nul harmonique ne prolonge ne sont soutenues par nul accord.

Une sensation de l'univers est, au contraire, incluse dans toute sensation vive. Elle ne s'y développe pas aux dépens de la précision ni de la singularité. Car, plus le trait qui se grave en nous est inimitable et se distingue de tous les autres, plus elle s'affirme. Les perceptions où elle ne se mêle pas s'écoulent, tellement vagues que nul mouvement ne les suit, — ou bien, exaspérées aussitôt en impulsions, aveuglent l'être tout entier vers un geste irrésistible. Nos sensations sont d'autant plus générales qu'elles sont plus particulières. Et ainsi un paradoxe leur est intérieur et constitue leur substance la plus secrète. Au plus profond de notre esprit se recourbe dès lors une ironie multiple et souple. Et par là seulement peut-être est permis quelque libre arbitre.

A tout spectacle qui nous capte, nous éprouvons simultanément, en effet, que nous nous rapprochons et que nous nous enfuyons très loin. Notre distraction se fixe ; et cependant, inversement, les interprétations les plus disparates s'ébauchent ; nous devinons que les départs les plus étranges nous seront offerts. Une indétermination semble de la sorte intégrée à toute image que nous recueillons. Et l'étendue qu'elle y occupe est proportionnelle à l'intérêt et à la puissance persuasive de l'image même. Maintes fois, cette étendue est si réduite que devant notre conscience elle s'annule. Mais lors d'autres instants, elle s'accroît, s'oriente vers une limite opposée, où ses dimensions se confondraient avec celles mêmes de l'univers. N'en résulte-t-il que nous sommes libres dans l'exacte mesure où l'univers est en nous une présence, et où la sensation de cette présence insistante est contenue dans nos sensations qui s'écoulent ?

Les jugements habituels sur le rôle et l'importance des sensations dans la vie mentale restent incomplets et arbitraires ; car ils impliquent toujours que ces sensations ne puissent être qu'étrangères les unes aux autres, hétérogènes, dispersées et brèves. Rencontres disparates que nous fîmes, et où se traça le hasard de nos courses et de nos heures. Nulle cohésion parmi ces figures saccadées, dont notre mémoire se décore. Et si à leur désordre s'ajoute quelque unité, c'est, dit-on, parce que telle autre puissance de notre esprit intervient, — entendement logique et abstrait, dès l'origine indépendant de tout ce caprice coloré.

On en déduit que seul en nous cet entendement accède à quelque vérité. Seul, en effet, croit-on, il démêle à travers la fuite incessante et la perpétuelle variation une fixité et des constances. On le tient donc pour notre unique privilège et pour notre essence la plus indéniable. Dès lors, quand on recherche si une part de nous-mêmes est susceptible de persistance par

delà la mort, le plus souvent on ne se tourne
que vers lui. Et comme, chez les hommes les
plus divers, il progresse selon les mêmes
démarches et consent aux mêmes signes
de certitude, la persistance dont on dis-
cute peut ne point supposer le maintien
de l'individualité stricte, du souvenir personnel et de la conscience distincte. Un
problème d'immortalité se transforme ainsi
peu à peu en un problème d'éternité. Or,
dès qu'il s'agit d'êtres particuliers et de
réalités concrètes, la notion d'immortalité
ne représente pas quelque chose de moins
que la notion d'éternité, mais quelque
chose de plus.

Si l'on attribue aux sensations une valeur aussi subordonnée et provisoire, c'est

parce qu'on ne les étudie que mutilées. On remarque exclusivement ce qu'elles ont de plus vite saisissable, leur indication limitée et actuellement utile. Mais ce n'est là que l'un des temps de leur rythme contrasté. Car elles ne sont point seulement indépendantes les unes des autres. Elles sont indivises aussi. Un même thème les parcourt. Elles commentent la même nouvelle.

Leur diversité peut donc s'unifier, sans que d'autres forces mentales s'insinuent parmi elles et leur fassent violence. Ces forces n'apparaissent plus, en effet, comme les seules à qui soit déchiffrable ce qu'il y a de général et de continu dans l'expérience offerte. Spontanément les sensations elles-mêmes, dès qu'elles surviennent assez intenses, atteignent au delà du précaire et du fugitif une stabilité et un ordre.

Elles se rejoignent par les halos dont elles se cernent. Et une à une elles transcrivent notre rapport non seulement avec tel aspect restreint et transitoire, mais avec un ensemble mal déterminé, où tout à la fois nous nous assurons et nous nous perdons. En même temps que de quelque incident borné, elles nous avertissent d'une sorte de pression fluide et innombrable, exercée de tous côtés sur nous. Et par les spectacles successifs se garde en nous, sans trêve, l'émoi de l'obscur enveloppement d'un monde.

On pourrait presque, dès-lors, se repré-

senter chaque vie humaine comme occu-
pée par une sensation unique, qui se déroule, ininterrompue, de la naissance jusqu'à la mort.

Cette sensation ne relève pas de tel sens
privilégié, à l'exclusion de tous les autres ;
mais tour à tour ou simultanément chacun
de ces sens l'enrichit ou la blesse. Selon
les instants, elle se révèle avant tout au-
ditive, visuelle, tactile ; mais il n'y a là
pour elle qu'un prétexte bientôt négligé.
En effet, de même qu'elle se cherche à travers les différents sens et se pose sur l'un
puis sur l'autre, de même aussi elle les
astreint à se répondre et comme à se sym-
boliser incessamment. Elle rend vaine par
sa persistance leur discontinuité physique;
et les lacunes qui s'étendent entre leurs

données disparates sont à tout moment compensées. Aucun lien entre les vibrations sonores et les vibrations lumineuses ; mais en nous tel aspect se continue par telle cadence et semble lui être affilié. Lorsque telles notes nous atteignent, toute une contrée rapide s'estompe ; de vallées illusoires monte une plainte qui se brise ; des plaines dansantes interrompent la nuit.

Si une sensation unique et comme intemporelle traverse et joint ainsi nos sensations multiples et momentanées, l'entendement n'est plus notre seul principe d'excellence. Et tout ne se classe plus par rapport à lui seul, quand on examine s'il y a une part de nous-mêmes qui à quelque degré puisse transgresser la mort.

Or les différences individuelles sem-
blaient contingentes et transitoires, tant
que l'on ne mettait de dignité qu'en cet
entendement. Bien qu'il soit inégalement
développé selon les êtres, il ne peut, en
effet, s'exercer correctement que d'une
manière partout semblable. Son point de
perfection est le même chez tous. A se
réaliser pleinement en chacun de nous, les
forces qui permettent de juger et d'abstraire deviendraient identiques les unes
aux autres. A leur égard, la conscience
personnelle n'est donc point nécessaire.
Qu'elle s'annihile ; et la nature ne sera
en rien amoindrie.

Dès que l'on discerne, au contraire, à
l'intérieur même des sensations la ligne
de persistance et d'ordre, la conclusion op-

posée survient. On voit que ce qui importe avant tout en chaque être, c'est ce qu'il a d'irréductible.

Désormais, en effet, nos hasards et nos accueils ne gardent plus uniquement un rôle passager. Ils resserrent ou relâchent notre contact avec l'ensemble. Ils nous rapprochent ou nous écartent de l'univers, précisent ou amollisent la physionomie qu'il reçoit en nous. Tout se passe comme si notre effort le plus intime était d'amasser une image du monde qui n'eût pu être tracée en aucun autre être. Et chacune de nos perceptions et de nos aventures signale une lassitude ou un succès de cet effort.

L'expérience prend de la sorte une cons-

tante signification tragique. Car l'effort
dont elle illustre ainsi les phases ne se déploie pas selon le rythme ferme d'un élan
vers la connaissance. Il est fait de méfiance
et d'offensive, comme s'il s'orientait vers
une domination et vers des actes.

Déjà, quand on se contentait d'étudier
le premier aspect des sensations, — le rapport établi par elles entre notre esprit et
des objets limités et proches, — on obser-
vait qu'elles ne détiennent que par surcroît
une valeur spéculative. Avant tout, elles
nous décrivent notre position de combat,
et dessinent de quelle manière ce qui nous
entoure contrarie ou favorise nos plans.
Elles nous servent à nous maintenir. Mais
comment n'en serait-il point de même,
lorsque l'on examine en elles le second

élément de leur contraste intime, — l'avertissement qu'elles nous donnent de l'univers? Ici encore, elles ne concernent que
par accident notre contemplation et notre
science. Et essentiellement, ce qu'elles nous
suggèrent, c'est encore d'arracher un secret qui intéresse notre durée. Cependant
la durée dont il est maintenant question
ne peut plus être la même, et toute terrestre et actuelle. Car la relation dont nous
prenons conscience est celle de notre être
personnel et de quelque chose d'illimité.
Dès lors, ce que nous cherchons à déchiffrer par la sensation de l'univers, c'est, en
quelque mesure, le secret d'une durée sans
limites.

Tel est bien, en effet, dans notre repré-

sentation de l'univers, l'élément primitif
et irréductible : Nous éprouvons être enveloppés par une réalité qui change mais
ne s'altère point et, se prodiguant à travers les métamorphoses, se retrouve toujours, grâce à elles, intacte.

Selon leur aptitude, leur culture et leur
race, les hommes traduisent cette persuasion originelle et immédiate par des my-
thologies d'épouvante ou d'hommage, des
chants d'apaisement et de révolte, des thè-
mes lyriques ou des formules scientifiques,
— lois de conservation de la matière ou
de conservation de l'énergie. Traductions
inégalement précieuses et souples. Mais
nulle critique qui les rectifie ou les dévaste
n'ébranle la donnée initiale dont elles émanent. Celle-ci est directe et proche, obsé-

dante et tenace comme un contact qui ne
cesse point.

Ainsi, de toute part, près de nous, une
sorte d'existence innombrable et unique
nous intrigue d'une antithèse sans fin. Par
une variation que n'interrompt aucun repos une constance jamais diminuée s'exprime. Cependant, au fond de notre être,
voici de nouveau les deux termes du même
contraste ; et dès lors nous ressentons
que bientôt la question se replie vers nous :
Comment affirmer, nous aussi, en une puissance de métamorphose une permanence
intime ? Et comment, par cette puissance
et de même que cet univers, assurer au
delà de toute borne dans le temps une victoire obstinée sur la mort ?

Recherche qui s'ébauche en nous, chaque fois que dans une sensation, autour du prétexte fugitif, affleure, de toute part pressant et dérobé, l'aveu d'une profusion qui ne sera soumise à nul déclin, quelle que doive être çà et là la fictive rigueur du désastre. Mais cette recherche serait toute décevante, si elle contredisait la structure intime de l'univers qui la provoque, et si elle n'y était à quelque degré attendue.

Or, tout se déroule et se déploie comme s'il était vrai que ç'eût été trop peu pour l'univers de sortir du néant et de recevoir l'être. On dirait qu'il ne se fût point satisfait d'exister, et qu'une création qui ne confère que l'existence demeure parcimonieuse et mutilée. En vertu d'une nécessité intérieure ou par le décret ininterrompu

d'un Dieu, l'univers apparaît donc traversé
par un désir d'abdiquer son unité infinie
et de devenir pour soi-même un spectacle.

En ce nouveau mode selon lequel il se
manifeste, il ne restreint point son essence.
Dès lors, non moins que les événements
où il se réalise et les formes en lesquelles
il se résout, les simulacres où, revenant
sur soi, il s'efforce de se recueillir et de
trouver un goût à sa vie qui s'écoule sont
nécessairement en nombre infini. Il se cherche un centre. Et il le découvre dès que
des sens s'ébauchent et que par le plus
léger frisson conscient un reflet de lui-
même s'attarde. Pourtant, comment s'as-
treindrait-il à ce centre fortuit? Il en exige
d'autres aussitôt. Il se renierait, à se transposer en un drame unique.

Une avidité de se rendre multiple, et
pour cela de se convertir inépuisablement
en des existences conscientes, semble ainsi
sourdre en lui, à travers les étendues et
les durées. Mais, lors d'un premier stade,
ce n'est point par les individus isolés, c'est
par l'espèce totale que cette conversion
s'accomplit.

Chaque espèce, en effet, est comme sou-
tenue par quelque chose qui la dépasse
infiniment et dont elle est, en quelque sorte,
possédée et expressive. Elle court, hallu-
cinée par un rêve sans mesure et qui ne
s'achèvera point. Rêve confus et acharné,
qui fait qu'elle se trouve à l'étroit partout
et que d'un geste opiniâtre elle refoule
autour d'elle l'espace et investit d'avance
le temps. Plus elle est inférieure et réduite

à un obscur appétit vital, mieux elle pro-
tège et accélère ce rêve. On croirait qu'elle
veut, en la reproduisant sans fin, compen-
ser par l'opulence du nombre la pauvreté
de l'image qu'elle porte.

Peu à peu, cependant, à proportion que
la structure se complique, les espèces vivantes symbolisent de façon moins gros-
sière l'effort de l'univers pour se divulguer
à soi-même. Les naissances deviennent
une vigilance plus longue, une impatience
mieux secourue, la mort une lenteur plus
pathétique. Des sens différents s'avancent
ou se creusent, comme s'il fallait qu'il fût
possible à chaque objet de se traduire en
une même conscience selon plusieurs lan-
gages simultanés et disparates. L'acuité
de ces sens n'est jamais identique chez

deux êtres, si constante que soit la race
dont ils émergent ; jamais donc les traductions recueillies ne finissent par se fondre
de la même manière. Sans doute, dès lors,
chaque espèce reste prédestinée à tel mode
invariable de représentation ; et elle n'en
brisera point les cadres. Elle est comparable à un thème plus ou moins abondant et
souple, par lequel la nature se déchiffre et
se joue. Mais plus ce thème s'enrichit,
plus importent les ornements et l'allure
dont il est scandé. Il s'aventure, à la fois
plus somptueux et plus indéterminé. De
plus en plus, chaque individu lui confère
une valeur distincte; et à la fin les modu-
lations où il le commente ont plus de prix
que le thème lui-même. A ce stade, ce
n'est plus l'espèce mais l'individu qui dé-

tient une idée de la nature ; et par suite c'est lui désormais qui participe de sa pérennité.

En face de cette aspiration de l'univers à se concentrer en des existences indépendantes, voici une aspiration inverse, à l'intérieur de ces existences.

Plus elles sont vigoureuses et lucides, plus elles acceptent malaisément, en effet, de n'être que des fragments furtifs. Le corps qui leur est assigné leur offre une matière trop stricte, où elles ne se peuvent exprimer avec plénitude. Et à travers ce qui les entoure elles tentent de distinguer et distraire une matière plus ample et indéterminée, sur quoi leur marque s'imposera. Esquisse, toujours inachevée, d'une sorte de second corps auquel nulle limite n'est prescrite. Le plus souvent, il demeure indécis et chancelant ; mais que parfois l'émotion, l'œuvre ou la connaissance accroisse l'affinité de tel d'entre nous et de tel ensemble extérieur, il y aura de l'un à l'autre transmission immédiate et presque continuité physique.

Pareillement, notre vie mentale surprend incessamment hors d'elle-même une mesure de sa propre intensité. Quand elle s'affaiblit, les lignes et les couleurs fléchissent autour de nous, plus grises et neutres. En revanche, à tout progrès intime, les images abordées prennent plus de netteté et de certitude. Une personnalité est d'autant plus précieuse que tout ce qu'elle éprouve et perçoit s'empreint plus spon-

tanément d'un même style, ignoré jusqu'a-
lors et qui ne reparaîtra jamais plus. Style
qui n'est point figé, mais se complique ou
se simplifie, au passage des jours. Or, comment le définir, sinon comme la projection
d'un être sur le monde, et comme le chiffre secret et à double vertu où ce monde
et cet être se plient ? Il retrace à la fois
l'effort de cet être pour se réaliser soi-
même par ce monde et la progressive réa-
lisation de ce monde selon une modalité
auparavant inconnue. Tout se compose,
dès lors, au gré de lois subtiles, qui suivent
les phases mêmes d'une vie. Les événements passagers et les figures permanentes
s'ordonnent relativement à quelque tona-
lité fondamentale, qui nulle part ailleurs
ni ne fut ni ne sera plus essayée. Par la

soumission à telle nuance inattendue ou à
telle qualité spirituelle sans analogue, —
passagère variété de mélancolie ou de désir, d'humilité ou d'ambition que rien ne
courbe, — la nature se rehausse peu à peu
d'une signification insoupçonnée encore et ·
qui ne sera possible que cette seule fois.

Si, en raison de la structure même de
cette nature, une telle signification, liée à
un destin unique, ne peut à nul degré s'as-
similer la fixe nécessité de l'univers et par
suite doit promptement s'effacer toute,
l'être qui la suscita ne se brise point sans
que cet univers soit diminué. Et le monde
apparaît comme quelque chose d'éternel-
lement vacillant, qui un instant s'oriente
puis se désoriente aussitôt. Tout se réduit

ainsi à un clignement sans fin ; — à moins
que le style intérieur, où se condensa ce
qu'il y eut de plus personnel dans un être,
puisse, de quelque manière insoupçonnable
pour nous, être soustrait à la mort.

Nous valons ce que vaut ce style. Mais
ce qui le constitue, n'est-ce point la convergence de notre sensation de l'univers
et de notre sensation de l'individualité ?
Or cette convergence n'est pas accidentelle
mais conforme à notre essence, si dans
la sensation de l'individualité se retrouvent les deux caractères primordiaux de la
sensation de l'univers. Et en effet, comme
celle-ci, la sensation de l'individualité
n'existe point de façon indépendante, mais
est présente au plus profond de toute sensation particulière assez intense. Pareille-

ment aussi, elle s'applique à une énigme de durée, et s'exerce à transcrire une puissance de métamorphose en décision de persistance.

On a souvent nié l'existence réelle de l'individualité, en alléguant notre impuissance à isoler de toute relation et de tout détail la conscience que nous avons de nous-mêmes. Et il est vrai que, chaque fois que nous pensons à nous, nous sommes contraints de faire allusion à quelque circonstance passée ou pressentie. Nous ne nous apercevons jamais que momentanés et restreints.

Il n'en eût pas fallu conclure, cependant,

que notre individualité fût illusoire. Car cette impuissance où nous sommes prouve seulement que notre rapport avec le monde n'est pas extérieur à notre être. Il manifeste notre substance.

L'individualité n'existe que dans la mesure où elle se sert des événements comme d'une matière et où elle se rend inséparable du monde. Comment évoquerions-nous une image de nous-même qui fût sans perspective et sans décor ? Le paysage qui s'allonge n'y est pas un vain agrément. Il fait presque partie de nos traits.

Nous efforcer de nous saisir hors de tout incident de notre histoire, c'est nous efforcer de nous abstraire. L'échec d'un tel essai atteste donc, non point notre irréa-

lité, mais l'impuissance de l'abstraction
en face de notre vie la plus intime. Des
concepts qui s'opposent, — ceux de plura-
lité et d'unité par exemple, — se vérifient
ensemble et aussi aisément sur cette vie
qu'ils explorent ; mais d'autre part, dans
le même instant, voici qu'ils la laissent
hors de prise. Mieux, d'ailleurs, ils s'adap-
tent à ces profondeurs dérobées, mieux
ils perdent leur signification coutumière
et leur rigueur mathématique. Tout ce qu'il
y a en eux d'abstrait s'estompe.

Pour nous rendre présente l'individualité, le seul procédé efficace serait dès lors,
sans doute, celui où toute trace d'abstraction serait abolie. Or le procédé le plus
concret, n'est-ce point la sensation ? En
toutes nos sensations, cependant, quelque

chose d'abstrait persiste. Elles sont locali-
sées et furtives, c'est-à-dire détachées dans
l'espace et dans le temps. Afin d'être pleinement concrète et affranchie, celle qu'il
faudrait ici devrait par là même, au contraire, ne se pouvoir disjoindre des autres
et jamais ne s'offrir à part. Elle s'enchevê-
trerait à tout ce qui survient. On ne l'iso-
lerait que par artifice.

Une telle sensation n'est pas illusoire.
Chacun de nous la surprend, s'il se replie
vers soi-même. Il la devine qui s'incorpore
à toutes les autres, et qui glisse selon leur
transparence changeante. ✗

Toutes nos sensations, en effet, nous
portent un double message. Elles nous
renseignent sur l'état de tel ou tel objet

extérieur ; et elles nous avertissent de notre accent intime.

Si leur prétexte était tout entier hors de
nous, elles resteraient disparates et désu-
nies, comme les corps qui les suscitent.
Or, quelle que soit leur dissemblance,
elles sont marquées d'un même indice ; et
à leur rapidité une insistance se mêle.
C'est donc qu'elles ne s'ajustent point seulement à des réalités parsemées et différentes ; elles essaient en même temps une
traduction commune, dont le motif est
situé en nous. Elles sont aimantées vers
deux pôles, l'un variable et saccadé, l'autre ininterrompu et fixe.

Plus elles sont inattendues et nous ar-
rachent à nous-mêmes, mieux elles nous

instruisent de nos ressources ensevelies.
Ainsi se recourbe en nous un paradoxe
nouveau, symétrique de celui qui permet
notre contact avec l'univers.

Ce contact se révéla d'autant plus ample
que l'image recueillie par nous était plus
spéciale et précise. Mais pareillement, ici,
du même geste dont il nous tire vers le
dehors, tout étonnement où notre souci
de nous-mêmes se renonce nous conduit
plus avant en nous. Ce que nous font atteindre de notre personnalité les sensations qui ne nous distraient point de nos
limites, c'est notre être le plus superficiel,
déjà usé et déclinant. Au contraire, celles
qui nous absorbent tout entiers et nous
jettent dans le spectacle qu'elles commentent ne nous imposent qu'en apparence

l'oubli de nous-mêmes. Elles ne rendent
déserte notre conscience familière que
pour émouvoir et accroître, par delà, quelque force spirituelle plus rare, que nous
laissions inactive. Nul ne se trouve que
parce qu'il consentit de se perdre. Et plus
nos sensations recèlent une valeur imper-
sonnelle et sont capables de se transmuer
de façon précieuse pour d'autres que pour
nous, mieux elles nous initient à notre individualité.

Enchâssée, de la sorte, dans toutes les
images que le monde extérieur semble
seul envoyer vers nous, notre sensation
de nous-mêmes n'est pas un reflet tout
passif. Elle ne force pas notre esprit à se
dédoubler quand il la reçoit. Et elle ne

consiste pas en un signe toujours impar-
fait et conventionnel, dont la présence su-
perflue ne modifie en rien l'objet impassible qu'il transcrit. Au contraire, elle
coïncide avec cet objet. Et elle en propage le geste essentiel.

Par tout ce qu'il éprouve et perçoit, chacun de nous, en effet, non seulement se
déchiffre mais se trace. Et ainsi, ce que
nous livre notre sensation de nous-mêmes,
c'est notre habileté à nous construire une
forme. Elle nous raconte, à chaque instant,
en quelle mesure nous faisons l'invention
de notre être. Et elle nous découvre notre
contour le plus subtil, dans le même moment qu'il se dessine.

Or, dès que l'on ne tient plus pour distincte de notre substance individuelle no-

tre relation avec la nature qui nous cerne,
tout contour cesse d'apparaître comme décevant et réduit. Car, si rien ne nous caractérise mieux que la manière dont nous
allons au-devant des choses et des êtres,
et dont tout à la fois nous nous relions à
eux et les séparons de nous, ce contour
changeant est notre œuvre la plus pathétique. Il rend effectif, en le délimitant,
l'infini que nous portions en nous mais
qui n'y était que diffusion et virtualité. Il
l'arrache à l'indétermination et lui permet
de s'affirmer de façon positive et vivante.
Par lui cet infini se réalise, en devenant
une puissance de se définir sans trève.

La présence d'un élément plastique au
plus intime de notre être ; voilà donc ce

que la sersation de l'individualité signale
incessamment à chacun de nous. Ce qui
est ponctué par cette sensation, ce n'est
point l'état de notre pensée ni de notre
corps ; mais, à propos de tout ce qui survient, nous surprenons avec quelle netteté
ou quelle nonchalance les lignes qui se
creusent en nous s'enchevêtrent.

Autour de nous et en nous-mêmes, une
pâleur parfois s'amollit. Nous ne croyons
plus rien traverser que d'insignifiant et
de neutre ; et à peine distinguons-nous
notre visage décoloré. Que nous importerait de disparaître ? Presque malgré nous
et dénuées, nos perceptions descendent
au souvenir ; et nous consentons que dé-
clinent nos traits.

Lors d'autres périodes, au contraire,

notre vigilance plus spacieuse et néanmoins plus contractée devine de mieux en mieux près de soi des nuances plus opulentes et une plus souple rumeur. Les branches ondulent, plus limpides ; et alentour, de toute part, une certitude s'aplanit. Tout devient à la fois plus prolongé et plus furtif. Le rythme où nous nous plions s'accélère et se ralentit tout ensemble.

Ainsi bifurque désormais notre conscience de la durée. D'une part, elle reflète une série de détails vite emportés et se hâte avec eux, sinueuse et versatile. D'autre part, cependant, et à mesure même qu'elle recueille plus scrupuleusement toute cette brièveté, on dirait qu'elle éclaircit un problème de persistance et accumule des forces qui la munissent contre le ravage.

Au fond de nous-mêmes, en effet, maintenant, elle stimule une richesse jusqu'a-
lors confuse et parsemée. Elle la condense
et la précise, la sculpte en un relief stable.
De même elle ne réduit point à quelque
minutie ardente l'attention qu'elle dirige
vers l'univers. A s'empresser vers tout ce
qui se succède en lui, c'est lui-même
qu'elle pénètre de plus en plus avant. Elle
démêle de mieux en mieux comment par
la mobilité de ses figures éphémères cet
univers recouvre et exprime un défi à
toute destruction. Mais que veut-elle surtout, par une si exacte ferveur, sinon
obtenir qu'à son tour, devenant embléma-
tique d'un analogue secret, elle sache pareillement elle-même faire des métamorphoses une constante absorption du temps

et le subterfuge par où ce temps sera
capté ? Grâce à ce subterfuge, ce qui semblait ne se pouvoir dérouler qu'en sacca-
geant ou usant notre être serait contraint
de nous accroître ; et ce qui nous mena-
çait nous abriterait de toute ruine.

En chacun de nous, de la sorte, se superposent deux durées simultanées et
presque inverses : l'une qui s'écoule,
l'autre qui se construit. La première est
tout actuelle, positive et nettement située.
Elle est formée d'instants qui se suivent
et qui, lors même que notre souvenir les
transpose, gardent en lui leur rang primitif et leur date. La seconde, au contraire,
se saisit de ces instants et les retourne.
Ils sont tout entiers derrière nous ; elle

les convertit en quelque chose de futur.
Ils énoncent l'expérience réelle et accomplie ; elle les contraint de concerner une expérience fictive, indéterminée et virtuelle. Mais cette expérience étrange n'est pas simplement un prolongement de l'autre. Elle occupe un plan différent, aux dimensions toutes changées.

Il y a en effet deux parts dans chaque événement qui survient pour nous et que notre conscience transcrit : une image que nous absorbons et une sollicitation à ne point mourir. Chaque spectacle tout ensemble se dessine en nous et multiplie ou raréfie devant nous une attente. Quand la seconde part est abolie, la sensation, toute dénudée, nous devient intolérable, comme si elle se gravait à même notre chair. Si

cette part, au contraire, subsiste, nul déchi-
rement ne nous décidera de nous détruire.
Un Hamlet ne se peut pas tuer, parce que
chez lui la part ornementale et comme physique du temps est seule blessée. L'autre
est demeurée intacte. Et lui-même, tandis
qu'il vacille, en surprend de plus près l'essence. Il discerne que cette part est toute
métaphysique.

Plus les impressions qui se succèdent en
nous augmentent notre connaissance ou
notre surprise, plus elles se répercutent en
des profondeurs de notre être, où semble
s'élaborer une puissance d'usurper l'avenir.
Nul d'entre nous ne s'approche de cette
puissance qu'en s'étonnant de ce qu'elle
recèle d'inépuisable. Si abondantes qu'elles

doivent être, jamais nos actions ni nos pensées ne la sauront recueillir toute. On dirait qu'elle nous rattache à quelque chose d'indivisible et de central, et que ce qu'elle prépare en nous, c'est un acharnement à continuer de vivre, afin que dans l'univers une variété de reflets, qui sans nous n'eût point tressailli, se puisse compliquer plus somptueuse ou exacte. Ainsi se constitue un temps tout personnel, indéfiniment extensible, et qui, bien que fragile et constamment menacé peut-être, est de caractère métaphysique et s'oriente vers un absolu.

Rendre incessamment assez précieuse notre durée positive pour que notre durée dynamique en soit accrue ; telle paraît être, dès lors, l'œuvre la plus intime qui

se propose à chacun de nous. Et en effet,
quand nous parvenons à démêler selon
quel rythme et à travers quelle fermeté ou
quelle mollesse un être accomplit cette
œuvre, nous possédons son secret le plus
singulier. Mais, qu'est-ce que notre durée
dynamique, sinon l'expression immédiate
de l'élément plastique présent en nous ?
Les qualités distinctives de cette durée
doivent donc appartenir également à cet
élément plastique. Et il est. lui aussi, sans
doute, quelque chose de métaphysique, qui
ne se satisfera point hors de quelque victoire absolue.

Par là même, ce doit être seulement en
apparence qu'il est contenu dans notre esprit ou dans notre corps. Plus vraisemblablement, mieux il se réalise et mieux il les

déborde l'un et l'autre. Puisque, d'ailleurs,
il ne se développe point sur le même plan
du temps mais se déroule au gré d'une
vitesse dissemblable, il peut sans contradiction n'être point rivé au même destin,
enserré par les mêmes limites et astreint
au même dénouement.

Si nous nous efforcions de pénétrer en
nous jusqu'à cet élément plastique, c'est
bien comme par delà l'esprit et le corps
que d'abord nous le surprendrions. Hési-
tant entre l'un et l'autre et les tenant tous
deux en suspens, il semblerait tout à la
fois les précéder et les absorber sans
cesse.

Sorte d'irrésolution primordiale, qui ne
sera point toujours sitôt abandonnée. Elle

s'objective çà et là. Et c'est pourquoi l'on-
doiement d'un corps et toute la ténuité
d'une chair intriguent et troublent parfois
à la façon de pensées plus indociles et plus
tortueuses, qui se presseraient selon une
cadence trop sauvage, tandis que parfois
aussi, au fond de notre esprit, des images
ou des idées ont des mollesses et des sur-
sauts, des gestes d'abandon ou de vertige.

Chacun de nous éprouve obscurément
que rien en lui n'est plus proche de son
essence que cet élément plastique. Tant
qu'il ne se ride ni ne chancelle, nous nous
devinons intacts ; et même aux heures les
plus accablées, nous nous assurons que
nulle injure irrémédiable ne nous meurtrit.
Le plus souvent nous ne le connaissons

point ; mais par nos regards, notre accent,
et nos indolences ou nos colères, nous en
dévoilons à notre insu les phases ensevelies. Or, en tout ce variable aveu, il se caractérise par une subtile complaisance à
attarder à travers l'esprit et le corps une
nostalgie mutuelle, une ombre mixte.

Avant tout, en effet, il consiste en une
coquetterie de sculpter ce corps et de ci-
seler en lui les heures, afin que la mobile
fluidité des intuitions ou des désirs soit
versée dans le monde des formes et disci-
plinée en couleurs et en lignes. De telle
curiosité furtive ou de telle croyance qui
se dissipa, de telle déception guérie, de
telle tendresse lointaine dont la dispro-
portion maintenant nous étonne, que reste-
t-il que certain pli de notre front, certaine

courbe dont notre sourire se complique,
une langueur plus pâle de nos membres
ou leur cambrure plus décidée, et par instants, au fond de nos yeux, quelque brusque limpidité ou quelque nuit errante ?

Acharnement pour que le corps, malgré
l'offense du temps, ne se destitue pas de
son pouvoir expressif. Mais le même élément plastique, au même moment, ne consent point que les tendances vers l'imper-
sonnel usurpent tout l'esprit. Il interdit
que les notions se réduisent aux formules,
qui chez des êtres très distants les font
paraître identiques. Et dans nos idées les
plus étrangères aux données concrètes il
obtient que passe quelque chose de la rumeur de notre sang.

Son intensité et sa maîtrise varient, d'ailleurs, à l'infini, d'un individu à l'autre. Et ainsi l'inégalité n'est point parmi les hommes un phénomène artificiel : elle se manifeste dès leurs replis les plus cachés.

La plupart d'entre nous, en effet, à mesure qu'ils s'éloignent de l'adolescence, doivent de moins en moins à une puissance architectonique interne leurs modifications physiques et mentales. Avant tout, ils sont façonnés par l'âge, c'est-à-dire par une conjuration de forces extérieures, ambitieuses de nivellement, et qui froissent et usent les diversités primitives, en une jalousie de les ramener à l'unité et de la sorte à la stupeur, à l'oubli et au néant.

Par une contradiction apparente, l'être

devient alors tout ensemble plus prompt
à la panique et plus indifférent à une dé-
faite totale. Il se ravage d'obsessions, dès
qu'une chétive menace gêne sa vanité ou
sa fortune ; mais, dans ce même instant,
il se roidit à peine contre la mort ; il l'attend avec une apathie chaque jour accrue;
il s'accoutume à son visage.

C'est que de plus en plus, désormais, il
est martelé et pétri par les événements
seuls. Le principe de sa forme est situé
tout entier hors de lui. Et la puissance architectonique interne ne se dénonce plus
que par un continuel apprêt de défensive.
Elle se contracte, se tasse, implore que du
moins le changement soit le plus grêle
possible. Impatience constructive abâtar-
die en prudence frileuse et en tentation

d'inertie. Mais, comment ne se fût aggra-
vée, par là même, la résignation à la mort ?
La mort est acceptée de plus en plus comme
une désertion vers l'immuable.

Quelques-uns ne laissent point alourdir
ainsi par les années la cambrure de leurs
pensées et de leurs membres. En face des
choses et des vies ils demeurent tout ensemble accueillants et rétifs. Rien n'atté-
nue leur avidité de surprise. Ils rendent
grâces au monde de donner à chaque jour
nouveau un goût distinct, dût l'âcreté en
brûler leur gorge. Et pour que s'épanche
le secret dont ils se pressentent cernés, ils
gardent une âme aventureuse, qui s'inflé-
chit et qui s'insurge ; et leurs mains tour
à tour sont despotiques et câlines.

Hommes contre qui se brisent la séni-
lité et la mort. Mais ce qui les distingue,
n'est-ce point que par leurs attitudes, leurs
paroles, leurs actes, se trahisse une sorte
d'au-delà de leur corps et de leur esprit ?

Les mouvements de cet esprit et de ce
corps semblent en effet, chez de tels hommes, émerger d'un tressaillement plus
lointain. Des rythmes plus occultes s'y
prolongent, — toute une impatience plus
fluide, qui, ingénieuse à se transposer suivant des formes physiques et des formes
mentales, ne consent néanmoins jamais à
se déterminer de façon exclusive pour les
unes ou pour les autres. Ainsi est suggé-
rée l'impression que l'esprit et le corps
cherchent incessamment l'un en l'autre
leur fin. Les pulsations des artères, les

contractions et les tensions des muscles,
les frissons des lèvres gonflées ou qui se
crispent, et dans les yeux les lueurs su-
bites ou les ombres ; pourquoi tout cela,
sinon sans doute pour que soit permis
l'avènement de quelque intuition imprévue
ou de quelque audace précieuse ? Et d'autre part, l'abondant afflux des idées, la sinueuse chevauchée des images parmi les
désirs ; toute cette rumeur secrète ne se
déploie-t-elle, avant tout, afin que des
membres et un visage se sculptent confor-
mément à des lignes inconnues ?

En vertu de l'indécision même où il se
complaît, l'au-delà de l'organisme et de
la pensée révèle l'individualité la plus irréductible. Or, plus ou moins déjoué selon
les êtres, et tandis que des soins le favori-

sent ou que des offenses le dévastent, toujours de la sorte il se dénonce par une
vigilance à ne point laisser s'accroître l'in-
tervalle entre cet organisme et cette pensée. Il est comme un tourment de les construire l'un par l'autre et d'obtenir que
l'un à l'autre, en l'apprêt perpétuel d'une
étrange transmutation, ils se confèrent
une durée plus impérieuse.

Aux plus intimes replis de chacun de
nous, l'élément plastique se définit ainsi
comme une volonté de métamorphose.
Mais tel il apparaissait déjà, quand dans
ces mêmes régions de notre être se mani-
festaient la relation la plus subtile et le
contact le plus aigu, non d'une chair et
d'un esprit, mais d'une personnalité et de

l'univers. Là encore, tout se résolvait en un effort haletant, et de variable puissance, vers une double conversion.

Le mouvement mystérieux, par lequel la matière corporelle devient en nous transparente et presque nostalgique, n'est donc point seulement en même temps celui qui sauve de l'abstraction les états psychiques en leur ajoutant une sorte d'indice personnel et, par la couleur et le relief, une orientation vers la forme. Il exprime également l'innombrable flexion de l'univers qui, de toute part dissuadé de sa dispersion infinie, çà et là peu à peu se concentre et se découvre, — tandis que l'individu, en vertu de ce même geste, essaie de s'assurer grâce à cet univers et de transposer en lui son étroitesse.

Multiples traductions d'une démarche
unique, qui n'est décomposable que par
artifice. Mais, quel que soit l'aspect que
l'analyse choisit, toujours on aperçoit que
ce qui suscite cette démarche, c'est une
obsession de la durée. Durée toute différente, en vérité, de celle que les saisons
et les heures dénombrent. Elle n'existe, en
effet, que par construction et conquête.
Elle ne se réalise qu'en un refus de se li-
miter, et dans la mesure où elle se fie à
une tentation d'absolu.

Tout semble se passer, dès lors, comme
si ce qui est essayé au fond de chacun de
nous, c'était avec plus ou moins de har-

diesse ou de lassitude une œuvre illimitée
et absolue. Et chacun de nous, avec tout
son visage changeant, n'occuperait, par là
même, que l'un des moments de cette œuvre. Il se débattrait, au hasard, les yeux
vacillants, et dans un pays très resserré ;
mais tant de trouble qui se hâte, ce serait
afin que l'individualité et l'univers obtins-
sent de commencer de devenir, çà et là, autre chose que virtualité tout intermittente
et confuse.

Et tout semble également se passer
comme si nulle nécessité ne certifiait
d'avance cette œuvre et ne garantissait
qu'elle s'accomplira. Alentour se déploient
d'étranges menaces de mort. Et cette mort
est absolue comme la durée qu'elle con-

cerne. Le plus souvent nous ne savons
point quelle attitude écarterait le mieux
cette ruine si pressante peut-être. Nous
ignorons lequel de nous connaît le secret
le plus essentiel. Et de la sorte, même si
l'on se persuade que soit possible une persistance indéfinie de la conscience individuelle et du souvenir au delà de l'apparition terrestre, cette ignorance suffit pour
que près de nous, et durant tout notre passage, l'ombre incertaine se prolonge.

TABLE

ACHEVÉ D'IMPRIMER

le vingt et un mars mil neuf cent onze

PAR

Ch. COLIN

A Mayenne

pour

BERNARD GRASSET

www.ingramcontent.com/pod-product-compliance
Lightning Source LLC
Chambersburg PA
CBHW071936090426
42740CB00011B/1724